Lernkrimi Spanisch

Querida muerte

Ana López Toribio

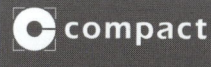

Weitere Informationen zu Compact Lernkrimis finden Sie am Ende des Buches und unter www.lernkrimi.de.

© Compact Verlag GmbH
Baierbrunner Str. 27, 81379 München
Ausgabe 2015

Alle Rechte vorbehalten. Nachdruck, auch auszugsweise,
nur mit ausdrücklicher Genehmigung des Verlages gestattet.

Chefredaktion: Dr. Matthias Feldbaum
Redaktion: Janine Kaitzl
Fachkorrektur: Angela Cuevas Alcañiz
Produktion: Ute Hausleiter
Titelillustration: Karl Knospe
Lernkrimi-Logo: Carsten Abelbeck
Gestaltung: EKH Werbeagentur GbR, textum GmbH
Umschlaggestaltung: EKH Werbeagentur GbR, Hartmut Baier

ISBN 978-3-8174-9795-9
381749795/1

www.compactverlag.de, www.lernkrimi.de, www.facebook.com/lernkrimi

# Vorwort

Liebe Leserin, lieber Leser,

sicher zum Lernerfolg – mit Spaß und Spannung! Die Compact Lernkrimis mit ihrer Kombination aus Lektüre und didaktischem Übungsanteil eignen sich hervorragend, um breite Sprachkompetenzen in der Fremdsprache zu erwerben. Der Lerner wird dabei durch die spannende Handlung, das angemessene Sprachniveau und den stetig ansteigenden Schwierigkeitsgrad der Übungen gefördert und motiviert.

Entwickelt nach neuesten Erkenntnissen der Fremdsprachendidaktik, sind Compact Lernkrimis das ideale Medium für einen Lernerfolg im Selbststudium. Durch die kleinen Texteinheiten und den hohen Übungsanteil sind sie aber auch als Unterrichtslektüre bestens geeignet

So lernen Sie mit Compact Lernkrimis:
- **Mit Begeisterung lernen:** Die packende Krimihandlung motiviert Sie beim Lesen des spanischen Originaltextes.
- **Wissen intensivieren und erweitern:** Durch die Kombination aus didaktisierter Lektüre und textbezogenen Übungen testen und trainieren Sie Ihre Sprachkenntnisse effektiv. Vokabelangaben auf jeder Seite unterstützen Sie beim Lesen.
- **Systematisch lernen:** Knüpfen Sie an Ihr individuelles Sprachniveau an und setzen Sie eigene Lernziele – linear im Schwierigkeitsgrad ansteigend oder mit punktuellen Schwerpunkten von Grundwortschatz bis Hörverstehen.
- **Unabhängig sein:** Lernen Sie ganz individuell – wo und wann Sie wollen.

Viel Spaß beim **spannend Spanischlernen**
wünscht Ihnen

Prof. Dr. Christiane Neveling
Didaktik der romanischen Sprachen, Universität Leipzig

Inhalt

Capítulo 1:	Abejas en el balcón	5
Capítulo 2:	Una entrevista	17
Capítulo 3:	De visita	27
Capítulo 4:	Algo inesperado	38
Capítulo 5:	Muerte repentina	48
Capítulo 6:	Sospechosos	59
Capítulo 7:	Tras las pistas	69
Capítulo 8:	El increíble mundo de los robots	79
Test final		93
Soluciones		103
Glosario		111
Tabla de ejercicios		123

Zu diesem Buch

Infolge des massiven Bienensterbens in Barcelona beginnt die Biochemikerin Martina eine weitreichende Studie. Doch bevor sie mit ihren Ergebnissen an die Öffentlichkeit gehen kann, wird ihre Arbeit sabotiert. Damit ist klar: Der Widersacher arbeitet ganz in ihrer Nähe! Aber wer könnte ihr schaden wollen? Als die Drohungen gegen sie überhandnehmen, ahnen García und Bea, dass Martina zum Schweigen gebracht werden soll …

Die Ereignisse und die handelnden Personen in diesem Buch sind frei erfunden. Etwaige Ähnlichkeiten mit tatsächlichen Ereignissen oder lebenden Personen wären rein zufällig und unbeabsichtigt.

 Abejas en el balcón

–Qué buena idea desayunar en el balcón –dice el comisario García mientras come una tostada con tomate y aceite.
–Bueno, contigo siempre es fácil si hay comida de por medio – contesta Bea riendo–. Pero tienes razón, jefe, hoy es un día maravilloso.
El sol calienta con fuerza en este día de marzo y no se ve ni una nube en el cielo azul de Barcelona.
–¿Me pasas la mantequilla, por favor? –pregunta el comisario con hambre.
–Claro –contesta Bea–. Pronto comienza mi estación del año favorita, la primavera.
García mira a Bea con curiosidad.
–¿Ah, sí? ¿Y por qué es tu estación favorita?
–Pues porque suben las temperaturas, las flores y plantas comienzan a florecer…
–La gente se enamora… –dice el comisario entre risas.
–Bueno, la gente se enamora durante todo el año –dice Bea mientras se pone roja.
–Uy, me parece que alguien tiene un secreto que no quiere contarme.

abeja *f*	Biene
de por medio	zwischendurch
reír *irr*	lachen
tener *irr* razón	recht haben
pasar algo a alguien	*hier*: jmd. etw. geben, reichen
estación *f* del año	Jahreszeit
curiosidad *f*	Neugier
florecer *irr*	blühen
enamorarse	sich verlieben
risa *f*	Lachen
ponerse *irr* rojo	rot werden

Ejercicio 1: El plural. Bilden Sie die richtige Pluralform!

1. el balcón _____
2. la estación _____
3. el día _____
4. la flor _____
5. la razón _____

Bea deja de sonreír y el comisario piensa que su comentario no ha estado bien [i].
–Bueno, mujer, es sólo una **broma**. ¿Me pasas el azúcar? –pregunta el comisario, cambiando de tema.
En ese momento una abeja llega volando hasta el azúcar y Bea **se asusta**.
–Normalmente, si tú no las atacas, ellas no te atacan.
–Eso dicen, pero...
–Un momento –**interrumpe** García mientras se levanta de la silla y se dirige a una **esquina** del balcón. Eso sí, con la tostada de la mano.
–¿Qué **ocurre**? ¿Qué has visto? –pregunta Bea con curiosidad.
García no contesta. Por eso, Bea se levanta y va hacia donde está su jefe.

> Die Adverbien *bien/mal* werden nicht mit dem Verb *ser* benutzt, sondern mit dem Verb *estar*. *Estar bien/mal* heißt mit Bezug auf eine Person, dass es ihr gut/schlecht geht. Bezogen auf eine Situation oder eine Sache bedeutet es, korrekt, gut, geeignet/schlecht oder schlimm zu sein.

broma *f*	Scherz, Witz
asustarse	sich erschrecken
interrumpir	unterbrechen
esquina *f*	Ecke
ocurrir	passieren, geschehen

–Parece que tenemos compañía.
–¡Oh, no! –dice Bea, mientras cruza la mirada con la de su compañero.
Delante de los dos un montón de abejas vuelan alegremente.
–¿Crees que es una plaga? –pregunta Bea.
–Puede ser –contesta el comisario llevándose el dedo índice a la boca–. Mira allí abajo, Bea.
Más abajo algunas abejas intentan luchar por sus últimos minutos de vida. Otras, ya muertas, están en el suelo.
–¿Qué ha pasado aquí? ¿Por qué están muertas? –pregunta Bea.
–Parece que tenemos un nuevo caso, compañera.
–¡Qué exagerado eres! En cualquier caso, es interesante.
El desayuno termina y el comisario comienza a buscar información en internet.
–Interesante el mundo de las abejas –dice sin dejar de mirar la pantalla del ordenador.
–¿Qué has averiguado?
–Las abejas son insectos sociales y muy bien organizados. En una

compañía *f*	Gesellschaft
cruzar la(s) mirada(s)	Blicke austauschen
↯ un montón de	eine Menge
dedo *m* índice	Zeigefinger
luchar por	kämpfen um/für
muerto	tot
exagerado	übertrieben
en cualquier caso	auf jeden Fall
pantalla *f*	Bildschirm
averiguar	herausfinden
reina *f*	Königin
zángano *m*	Drohne
suspirar	seufzen

colmena hay tres castas: las abejas trabajadoras, la abeja reina y los zánganos.
–Uf, esto me suena a un documental aburrido –dice Bea suspirando.
–¿Por qué tan pesimista, Bea? Espera un momento y escúchame que al final te va a gustar.
–Está bien. ¡Adelante, sigue leyendo!

Ejercicio 2: Errores. Lesen Sie weiter und korrigieren Sie die fünf Fehler im folgenden Absatz!

—Escucha, escucha. Las abejas que normalmente vemos son las trabajadoras, que buscan alimento, **protegen** y limpian la **colmena**. La abeja rreina es la que **pone los huevos**, si ella muere, las demás abejas crea una nueva abeja reina. Y los zánganos son las machos, en el inbierno son **expulsados** de la colmena. Las abejas viven durante todo el invierno de la **miel** y el polen **guardados** y **se quedan** todas guntas para conservar el calor.

1. _____ 4. _____
2. _____ 5. _____
3. _____

—Ahora que ya sabemos cómo viven las abejas, ¿puedes decirme qué hacemos con las que tenemos en el balcón? —pregunta Bea sin mucha **paciencia**.
—Cuando una colmena de abejas se siente atacada, la abeja reina busca otro lugar para vivir de forma temporal y las demás abejas la **siguen**. Mientras, la abeja reina manda a muchas abejas a buscar un lugar donde vivir un largo tiempo. Cuando una de estas abejas encuentra ese lugar informa a las demás de dónde está el lugar y

todas se van allí –dice el comisario impresionado por la inteligencia de estos pequeños animales.

–¿Crees que es eso lo que ha pasado en nuestro balcón? –pregunta Bea.

–Espera, esto no acaba aquí –continúa García, sin **quitar la vista** de la pantalla–. A veces algunas abejas no reciben la información de que se van a otro lugar y mueren allí.

–¡Ahá, eso es! ¡Por eso tenemos abejas muertas! –dice Bea casi **gritando**.

–Puede ser, vamos a ver. Si en unos días las abejas se han ido, sabemos que sólo están de forma temporal con nosotros. O quizá se quedan mucho tiempo con nosotros.

–Esa última opción no me gusta –dice Bea, menos **ilusionada** con las abejas que su jefe.

–Lo vamos a ver en unos días –responde el comisario con tranquilidad–. Ahora vamos a comer algo, con tantas abejas tengo hambre otra vez.

–¡Qué extraño! –dice Bea entre risas.

proteger	schützen
colmena f	Bienenstock
poner irr (los) huevos	Eier legen
expulsar	vertreiben
miel f	Honig
guardar	aufbewahren
quedarse	bleiben
paciencia f	Geduld
seguir irr	folgen
quitar la vista	den Blick abwenden
gritar	schreien
ilusionado	hier: begeistert
mayor	hier: wichtigste(r,s)
investigación f	Forschung
piso m	hier: Stock, Etage

A unos kilómetros de Barcelona, no muy lejos de donde está el despacho de García y Bea, se encuentra el **mayor** Centro de **Investigación** de abejas de España.

–Creo que es mejor hacer una pausa –dice Carlos a Martina.

Carlos y Martina se dirigen a la cocina del primer **piso**.

Carlos **se da cuenta de** que Martina está **preocupada**.
–Es mejor no pensar tanto en ello –dice Carlos.
Martina lo mira un segundo, después **respira profundamente**.
–Es verdad, tienes razón. Dime, ¿qué planes tienes para el fin de semana? –pregunta Martina, **deseando** cambiar el tema de conversación.
–Bueno, quiero preparar mis **vacaciones** de **Semana Santa** –contesta Carlos sonriendo.
–Ah, claro. Con tanto estrés casi **me olvido** de que pronto tienes vacaciones.
–Sí, la verdad es que ya tengo **ganas**.
–Entonces, ¿qué vas a hacer?
–Estoy pensando en algo exótico, pero no sé exactamente adónde ir.

> *Vacaciones* kann je nach Kombinationen verschiedene Bedeutungen annehmen:
> *estar de vacaciones* - im Urlaub sein
> *irse de vacaciones* - in Urlaub fahren
> *tener vacaciones* - Urlaub haben.

Quizá Estambul o Marruecos…
–Suena bien –dice Martina mientras piensa cuándo fue la última vez que estuvo de vacaciones.
–Cuéntame más cosas –dice Martina, pues sólo quiere oír algo diferente al trabajo.
–¿Qué quieres saber?
–Pues no sé, con quién te vas, cómo vas a ir hasta allí…
–Bueno, ya sabes que me gusta viajar solo.

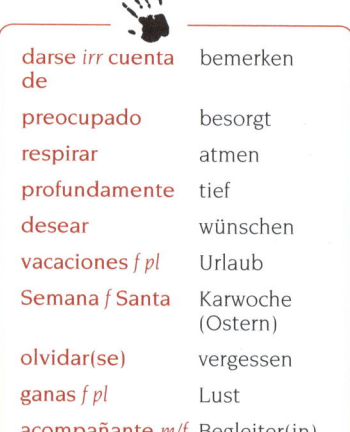

darse *irr* **cuenta de**	bemerken
preocupado	besorgt
respirar	atmen
profundamente	tief
desear	wünschen
vacaciones *f pl*	Urlaub
Semana *f* **Santa**	Karwoche (Ostern)
olvidar(se)	vergessen
ganas *f pl*	Lust
acompañante *m/f*	Begleiter(in)

Sí, Martina conoce bien a Carlos, son compañeros de trabajo desde hace más de diez años.
–¿Quién sabe? Quizá tienes un o una **acompañante** –comenta Martina.

Carlos le responde con una sonrisa.

–Y cómo me voy a ir aún no lo sé. Supongo que en avión.

Martina lo mira con mala cara.

–Ya sé que no es lo mejor para el **medio ambiente**, pero sólo tengo unos días y no quiero pasar la mitad del tiempo en un medio de transporte –responde Carlos, intentando tranquilizar a Martina.

–Ya, a veces es así, lo queremos todo, pero bueno, es tu **decisión**. ¿Y qué vas a hacer allí?

–Bueno, depende. En cualquier caso, vacaciones. Así que algo que voy a hacer seguro es olvidarme de las abejas en esos días –contesta Carlos sonriendo.

–Está bien **cambiar** un poco **de aires**.

> Für die Fortbewegung mit (öffentlichen) Verkehrsmitteln wird immer die Präposition *en* benutzt: *Voy en avión/en coche/en bicicleta/en tren.* – Ich fahre mit dem Flugzeug/Auto/Fahrrad/Zug.
> Ist man zu Fuß oder zu Pferde unterwegs, verwendet man die Präposition *a*: *Voy a pie/a caballo.*

Carlos mira a Martina un poco sorprendido.

–Sí, me lo dices tú que apenas tienes vida fuera de estas cuatro paredes –comenta Carlos mientras **mira a su alrededor**.

–Ya lo sé, Carlos. Pero para mí mi trabajo es algo fundamental, sobre todo la investigación en la que estoy ahora.

medio ambiente *m*	Umwelt
decisión *f*	Entscheidung
cambiar de aires	etw. anderes machen
mirar a su alrededor	umherblicken
piropo *m*	Kompliment

Carlos mira su café. Entiende lo que dice Martina.

–Por eso eres una investigadora tan brillante –dice Carlos, sonriendo a su compañera.

–Bueno, ¡cuántos **piropos** hoy! ¿Es porque está comenzando la primavera? –dice Martina mientras deja la taza en la cocina.

Ejercicio 3: Ordenar. Bringen Sie die Buchstaben in die richtige Reihenfolge!

1. vstineianció g _____
2. jsbeaa _____
3. nesacavcoi _____
4. ripvreaam _____

–Puede ser –responde Carlos con una risa nerviosa.
–Entonces, ¿qué hacemos? ¿Seguimos trabajando un poco?
–Venga, vamos.

Cuando llegan al laboratorio, todavía hoy Martina **se sorprende de** las nuevas **instalaciones**. Desde que Paco es el nuevo jefe el Centro de Investigación **ha mejorado** mucho. Martina piensa que es un poco exagerado, pero **se siente** bien trabajando con él. Cuando llega a su puesto de trabajo, **observa** a las pequeñas abejas dentro de la vitrina. "Parecen tan **indefensas**", piensa Martina. Sabe que el trabajo que hacen las abejas es importantísimo para el resto de los **seres vivos**. Gracias a su trabajo de **polinización** el ser humano puede alimentarse fácilmente, ya que son responsables de un treinta por ciento de la producción de frutas, verduras y otros alimentos que tenemos.

sorprenderse de	sich wundern, staunen über
instalación f	Anlage
mejorar	verbessern
sentirse irr	sich fühlen
observar	beobachten
indefenso	harmlos, wehrlos
ser m vivo	Lebewesen
polinización f	Bestäubung

–¡Martina!

–¡Qué **susto**[i]! –dice Martina, llevándose la mano al corazón.

–Ay, hija, perdona, no es mi intención asustarte –**se disculpa** Julia, la recepcionista del Centro.

–No pasa nada, es que estaba concentrada –contesta Martina–. Dime, ¿qué pasa?

–Tienes una **llamada**. Es una periodista de una **revista** científica, ¿quieres responder la llamada?

Un momento de silencio se hace en el laboratorio. Martina mira a Julia, **dudando**.

> Ausdrücke mit *qué + Substantiv* kommen in der gesprochenen Sprache häufig vor, um positiven wie negativen Emotionen Nachdruck zu verleihen:
> *¡Qué susto!* – Schreck lass nach!
> *¡Qué pena!* – Wie schade!
> *¡Qué alegría!* – Das freut mich!
> *¡Qué maravilla!* – Wie wunderbar!

–¿Seguro que preguntan por mí?

–Que sí, mujer, dime, ¿qué hago? –insiste Julia.

–Está bien, voy ahora mismo.

Martina sale del laboratorio, sigue a Julia y toma el teléfono.

–¿Diga? –pregunta Martina.

–Hola Martina, soy Andrea, de la revista "Present Science".

–Hola Andrea, ¿qué tal?

–Todo bien, gracias. ¿Y tú?

–Bien, mucho trabajo.

–No te voy a **entretener** mucho. Es por tu último trabajo sobre las abejas, el que has publicado en el mes de enero.

susto *m*	Schreck
disculparse	sich entschuldigen
llamada *f*	Anruf
revista *f*	Zeitschrift
dudar	zweifeln
entretener *irr*	*hier:* aufhalten
entrevista *f*	Interview

–Ah, sí, dime.

–He hablado con mi jefe y quiere hacerte una **entrevista**.

–¿A mí? –pregunta Martina sorprendida.

–Sí, a ti. Mi jefe cree que es muy interesante y quiere sacarlo en la próxima edición de la revista.

—Bueno, muchas gracias. La verdad, no sé qué decir. Ese trabajo lo he publicado con la colaboración de Carlos Jirón, así que a lo mejor quiere participar en la entrevista, ¿no crees? –propone Martina.
—Bueno, la entrevista no es muy larga. Además, la autora principal eres tú, Carlos Jirón solamente colabora contigo, ¿no?
—Bueno, sí, es verdad –responde Martina–. De todas maneras, dame un poco de tiempo para pensarlo.
—Está bien, ¿te llamo a última hora?
—Sí, está bien, lo hacemos así.
—Hasta luego, entonces.
Martina cuelga el teléfono.

colaborar	mitarbeiten
a última hora	spät abends
colgar *irr*	*hier*: auflegen
salir *irr* en la tele	ins Fernsehen kommen
proponer *irr*	vorschlagen

—¿Y? ¿Cuándo sales en la tele? –bromea Julia.
—Tú siempre tan bromista.
—Mujer, hay que reírse un poco. ¿Qué pasa? ¿Por qué tienes esa cara? –pregunta Julia.
Martina le propone a Julia ir a la sala del café para hablar.

Ejercicio 4: La oveja negra. Welches Wort ist das „schwarze Schaf"? Unterstreichen Sie!

1. revista   periódico   despacho
2. investigadora   hermana   periodista
3. café   primavera   invierno
4. cabeza   corazón   laboratorio

–Si hago la entrevista sin decirle nada a Carlos, ¿crees que se enfada conmigo? –pregunta Martina.
–Bueno, nunca se sabe. En estos casos lo mejor es preguntar.
–La verdad es que no quiero hacerle daño. Aunque yo también creo que no es tan importante.
–Martina, la comunicación es muy importante. Sois colegas y ya os conocéis desde hace no sé cuántos años…
–Gracias, Julia, ahora tengo que volver al trabajo.
–Tienes razón, Martina, vamos, vamos.

Cuando vuelve al laboratorio, Carlos ya no está allí. Paco sale en ese momento de su despacho.
–¿Sabes dónde está Carlos?
–¿No lo sabes? Su madre ha tenido un accidente con el coche, así que se ha ido ahora mismo a su pueblo. Estará unos días allí. Me ha dicho que no quiere recibir llamadas –responde Paco.
–Oh, no, qué mala suerte.
–¿Lo necesitas?
–Sí, digo, no… –contesta Martina, un poco alterada, mientras vuelve a su lugar de trabajo.

enfadarse con alguien	jmd. böse sein
hacer *irr* daño a alguien	jmd. wehtun
recibir	empfangen
mala suerte *f*	Pech
alterado	aufgeregt
ni siquiera	nicht einmal

Al cabo de un rato recibe de nuevo una llamada.
–¿Qué tal, Martina?
–Hola, Andrea, todo bien. La verdad es que no he podido hablar con Carlos, así que…
– Pues he hablado con mi jefe y me ha dicho que la entrevista tiene que ser mañana por la mañana. ¿Qué te parece?
–¿De verdad? ¡Ni siquiera he hablado con Carlos! Ahora mismo no está y…

–Ya lo sé, Martina, pero no podemos esperar más. Venga, mujer, ya le explicarás a Carlos la situación. Es sólo una entrevista –intenta **convencerla** Andrea.

–Está bien –responde finalmente Martina.

convencer — überzeugen

–Genial –se alegra Andrea al otro lado–. Mañana nos vemos en el Centro de Investigación, sobre las diez de la mañana.

–Está bien, hasta mañana, Andrea.

–Hasta mañana, y mil gracias.

Una entrevista

–Bueno, con esto hemos acabado –dice Andrea cerrando su carpeta.
–Es verdad que ha sido rápido –responde Martina, contenta.
–Sí, muchas gracias, Martina. Y no te preocupes, el nombre de Carlos va a aparecer también en el reportaje.
–Genial. Gracias a ti, Andrea.
–Creo que este reportaje va a tener un gran éxito. Parece que la gente comienza ahora a preocuparse también por las abejas –dice la periodista.
–Ya, cuando pienso que tantas abejas mueren ya desde hace varios años… Sólo nos queda seguir investigando. Pero para ello tengo que volver al laboratorio.

> Die Konstruktion des konjugierten Verbs *ir + a + Infinitiv* bildet das Futur. Obwohl sie als Form der nahen Zukunft gilt, wird sie immer häufiger benutzt, um etwas in ferner Zukunft auszudrücken:
> *Mañana voy a leer un libro.*
> *En treinta años voy a tener mi propia casa.*

–Sí, no te molesto más. Gracias de nuevo y hasta la próxima –se despide Andrea.
–Adiós.

carpeta *f*	Mappe
éxito *m*	Erfolg
despedirse *irr*	sich verabschieden
uso *m*	Gebrauch

Martina piensa en la entrevista y en la conversación con Andrea. Lo peor es que cada año mueren más abejas. Esto le motiva para volver al laboratorio y seguir trabajando. Después de varios análisis obtiene nuevos datos. En este momento trabaja en el efecto del uso de varios pesticidas en la **agricultura**. Martina ha comenzado a investigar los pesticidas porque hay estudios que hablan sobre los efectos positivos y negativos en algunos ecosistemas, pero nadie se ha preocupado antes de cómo **afectan a** las abejas. Es un tema difícil, pero a la vez, **novedoso**. Como es un tema tan poco investigado hasta el momento tiene muchas dificultades para encontrar el material necesario. Sin embargo, una investigación tan novedosa le puede llevar a dar un salto cualitativo en su **carrera** como investigadora.

Martina está **corroborando** algunos datos. Está sentada delante del ordenador cuando oye pasos a lo lejos. Gira la cabeza y ve a a su jefe en la entrada del laboratorio.
–Hola, Martina –dice Paco desde la puerta–. Hoy no te he saludado aún.

agricultura f	Landwirtschaft
afectar a	auswirken auf
novedoso	neuartig
carrera f	*hier*: Karriere
corroborar	bestätigen

–Hola, Paco. ¿Todo bien?
–Sí, todo bien. Esta mañana he venido aquí sobre las diez y no te he visto –dice Paco, en un tono entre serio y sorprendido.
En ese momento Martina se da cuenta de que no le ha dicho nada a su jefe sobre la entrevista.

Ejercicio 5: Antónimos. Schreiben Sie die Gegenteile der folgenden Wörter!

1. positivo   _____
2. difícil   _____
3. antes   _____
4. poco   _____

–Ay, sí, Paco, es verdad. Lo siento, he olvidado completamente decírtelo. Esta mañana ha venido una periodista de la revista "Present Science" –dice Martina disculpándose.

Paco mira a Martina con **asombro**.

> ¡Vaya!, ¡Ah!, ¡Oh!, ¡Ay!, ¡Uf!, ¡Guau! oder ¡Hala! sind einige der meistbenutzten Interjektionen im gesprochenen Spanisch. Die Bedeutung hängt von der Absicht des Sprechers ab, im Allgemeinen kann man sagen, dass damit Überraschung, Erstaunen oder Bewunderung ausgedrückt werden.

–¡Vaya! Es una revista científica importante.

–Sí, yo también estoy sorprendida –**confiesa** Martina.

–¿Y qué quería exactamente? –pregunta Paco, acercándose al puesto de trabajo de Martina.

–Me ha hecho una entrevista por el trabajo que hemos **publicado** Carlos y yo.

–¡Pero si Carlos no está aquí! –exclama Paco.

Paco se acerca al ordenador de Martina y mira con curiosidad la pantalla.

–Ya sé que Carlos no está, por eso te he preguntado por él. Y no hemos podido **posponer** la entrevista, así que hemos tenido que hacer la entrevista sin él. La revista está muy interesada en las investigaciones que tienen que ver con las abejas.

–¿Ah, sí? –pregunta Paco con interés–. ¿Por qué?

–Bueno, es un tema que interesa a la gente, ya que nos afecta directamente.

–Sí, claro, lo entiendo perfectamente.

asombro *m*	Staunen
confesar *irr*	gestehen
publicar	veröffentlichen
posponer *irr*	verschieben
sonrisa *f*	Lächeln

–Así que seguramente nos van a hacer otros reportajes –explica Martina con una **sonrisa**.

Paco mira a Martina aún más sorprendido.

19

–Me han preguntado que si quiero ser su persona de contacto en el futuro –continúa Martina.
–¿Y tú que has respondido?
–Que sí, claro. Me gusta más investigar que dar entrevistas, pero bueno, también es importante la divulgación del tema entre la gente.
–Claro, claro –responde Paco sonriendo–. Me parece bien, seguro que también haces un buen trabajo con la prensa. Infórmame de las próximas entrevistas.
–Sí, claro, perdona por lo de esta mañana, se me ha olvidado totalmente decírtelo.
–¿Qué es esto de aquí? –pregunta Paco mirando la pantalla del ordenador.
–Estos datos de aquí reflejan el número de abejas que han muerto… –comienza Martina.
–No, no digo eso –interrumpe Paco–. Digo estos datos que aparecen en rojo. ¿De dónde los has obtenido?
–¿Esto? –pregunta Martina señalando con el dedo en la pantalla.
–Sí, exactamente.

divulgación *f*	Verbreitung, Bekanntmachung
reflejar	widerspiegeln
indicar	(an)zeigen
referirse *irr* a	sich beziehen auf
campo *m*	Feld, Acker
cierto	*hier*: gewiss, bestimmt
dañado	geschädigt
informe *m*	Bericht
listo	*hier*: fertig
cansancio *m*	Müdigkeit
móvil *m*	Handy
mensaje *m*	*hier*: Nachricht (SMS)

–En esto estoy trabajando ahora mismo. Estos números indican dónde están situadas las colmenas –explica Martina–, y estos otros se refieren a la distancia con campos que actualmente están siendo cultivados con pesticidas. En esta tabla se puede observar la evolución de la vida de las colmenas en los últimos años en lugares donde a cierta distancia se cultiva con pesticidas.
–Ah, ahora entiendo –dice el jefe sonriendo.

—Y ahora estoy haciendo un gráfico con los porcentajes de colmenas **dañadas** por año y lugar.
—Genial. Mándame los resultados al final de la tarde.
—Está bien.

> **Ejercicio 6: Completar.** Lesen Sie weiter und ergänzen Sie die fehlenden Verbformen!
>
> escribe   recoge   es   va   ve   tiene
>
> Paco se **1.** _____ del laboratorio y Martina sigue trabajando toda la tarde. Aunque **2.** _____ algunos problemas con un par de datos, por fin obtiene los resultados que busca. **3.** _____ el **informe** y las conclusiones y cuando lo tiene **listo** se lo manda a Paco.
>
> —Uf, por fin he acabado —dice Martina en voz alta mientras se pasa la mano por la frente. El **cansancio** le hace cerrar los ojos un momento y suspirar. Ya **4.** _____ de noche.
>
> **5.** _____ sus cosas y sale del laboratorio. Cuando mira el **móvil 6.** _____ que tiene un **mensaje** de Julio, un chico al que ha conocido hace poco:
>
> *Hola Martina, ¿tienes planes para esta noche? ¿Te apetece cenar conmigo?*

Martina sonríe. Mira el mensaje ilusionada. No, no tiene ningún plan para hoy. "Después de este día duro y largo en el trabajo **me merezco** un poco de **diversión**", piensa.

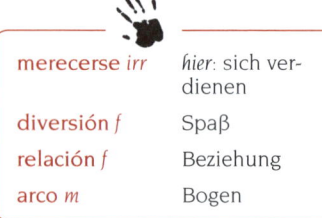

merecerse *irr*	*hier*: sich verdienen
diversión *f*	Spaß
relación *f*	Beziehung
arco *m*	Bogen

Martina no ha tenido suerte con las **relaciones** sentimentales últimamente. Sobre todo la última relación que ha tenido con un compañero de trabajo, David, ha sido un desastre.

Martina y Julio quedan en un restaurante marroquí en la Avenida Diagonal ⓘ de Barcelona.
—¡Qué bonito el restaurante! —exclama Martina, sorprendida. En la entrada hay un **arco**, típico elemento de la cultura árabe. La mú-

> Die **Avenida Diagonal** (katalanisch: Avinguda Diagonal) ist eine der bedeutendsten und größten Straßen Barcelonas. Sie ist elf Kilometer lang und läuft geradewegs durch die Stadt. Der Name stammt daher, dass sie den quadratisch aufgebauten Stadtteil Eixample diagonal schneidet.

Ejercicio 7: Parejas. Welche der folgenden Satzteile gehören zusammen? Ordnen Sie zu!

1. ☐ El restaurante
2. ☐ Julio
3. ☐ La música
4. ☐ A Martina y a Julio

a) es relajante.
b) tiene decoración árabe.
c) les gusta Paco de Lucía.
d) vive en Barcelona desde hace poco.

sica es dulce y relajante. Martina está fascinada con el **buen gusto** que ha tenido Julio al **elegir** ese restaurante.

> **Paco de Lucía** (1947-2014) war ein herausragender Gitarrist des spanischen Flamenco. Neben dem traditionellen Flamenco zeichnete sich sein Stil dadurch aus, dass er auch klassische und Jazz-Elemente hineinmischte.

—Sí, ¿verdad? A mí también me parece que tiene un **encanto** especial.

Martina y Julio se conocieron **por casualidad** esperando para comprar las entradas de un concierto de Paco de Lucía.

Julio viene de Granada, vive desde hace poco en Barcelona y quiere conocer a gente nueva.

—Bueno, sabes que además a mí me encanta este estilo árabe, que en Granada lo encuentras en muchos sitios, pero sobre todo en el barrio del Albaicín —dice Julio con un poco de nostalgia.

> Der **Albaicín** ist das älteste Viertel von Granada. Er wurde auf einem der drei Hügel der Stadt erbaut, daher genießt man von dort einen tollen Blick auf die Alhambra. Außerdem geben ihm die engen Gassen und die leuchtend weißen Häuser einen besonderen Charme.

Martina mira **cabizbaja** hacia su plato.

—**Me da** un poco de **vergüenza** decirlo, pero la verdad es que nunca he estado en Granada —confiesa Martina.

—Bueno, mujer, no te preocupes, ¡tenemos tiempo aún! —responde Julio con optimismo.

—La verdad es que tengo tanto trabajo que a veces se me olvida hacer otras cosas como viajar, salir… Y mientras mi compañero se va de vacaciones, yo sigo trabajando. Pero me he alegrado mucho

buen gusto *m*	guter Geschmack
elegir *irr*	auswählen
encanto *m*	*hier*: Charme
por casualidad	zufällig
cabizbajo	mit gesenktem Kopf
darse *irr* vergüenza	sich schämen

cuando he leído tu mensaje, además hoy ha sido un día largo en el trabajo.
–¿En serio? Cuéntame, ¿qué has hecho?
–Bueno, en realidad ha sido un día importante aparte de duro. He terminado un trabajo para el que he necesitado mucho tiempo.
–¡Genial! ¿Y sobre qué es el trabajo?
–Resumido es sobre el efecto que produce en las abejas el uso de tóxicos en la agricultura.
–Suena interesante, ¿y qué efectos produce?
–Pues la consecuencia más grave es la muerte de millones de abejas.
–¿De verdad?
–Sí, claro, son productos tóxicos muy fuertes, también para la tierra no son buenos a largo plazo… Pero interesante es cómo ha aumentado el número de muertes de abejas en las zonas donde se usan más pesticidas y otros tóxicos parecidos… Y, además, si se compara con hace una década, el uso de los pesticidas es cada vez más y más habitual. Pero ahora vamos a dejar de hablar de trabajo, cuéntame, qué planes tienes para Semana Santa…

aparte de	abgesehen von
a largo plazo	langfristig
aumentar	zunehmen
década *f*	Jahrzehnt
habitual	geläufig
estrellado	*hier:* sternenklar
revisar	*hier:* überprüfen
de repente	plötzlich
pinchazo *m*	Stich

No muy lejos de la Avenida Diagonal Bea ha terminado de cenar. Se asoma a su pequeño balcón para tomar un poco de aire fresco.
–¡Qué buena noche! –exclama observando el cielo estrellado.
Revisa sus plantas, no tiene muchas, pero algunas dan color y alegría a su pequeño balcón. Observa con sorpresa que una de las plantas está ya floreciendo. Bea está tocando las pequeñas flores cuando de repente siente un fuerte pinchazo en el dedo.

Ejercicio 8: Diálogo. Bringen Sie den Dialog in die richtige Reihenfolge!

a) –Hasta luego, Martina.

b) –Sí, Julio, llámame la semana que viene.

c) –Entonces, ¿nos vemos otro día?

d) –Adiós, buenas noches.

1	2	3	4

–¡Ah! –grita enfadada mientras observa el pinchazo.
Mira hacia abajo y ve una abeja muerta.
–¡No puede ser, estos insectos me van a perseguir esta primavera!
En los siguientes minutos el dedo de Bea comienza a **hincharse desmesuradamente**. Así que decide ir al **médico de urgencias**, pero antes, como buena policía, toma la abeja muerta con cuidado y la pone en una **bolsa**.

–Parece grave pero en realidad no lo es. Esta pomada te va a bajar la **hinchazón** –dice el médico.
–Gracias –contesta Bea. Sin embargo, ella no está tranquila, vuelve a casa y busca información sobre abejas. Anota un par de datos interesantes y descubre que hay un gran Centro de Investigación en

hincharse	anschwellen
desmesuradamente	übermäßig
médico *m* de urgencias	Notarzt
bolsa *f*	(Plastik-)Tüte
hinchazón *f*	Schwellung

Barcelona. Se acuerda de las abejas del despacho del comisario. Duda si llamar al jefe, pero mira la hora y se da cuenta de que es bastante tarde.

—Mañana tenemos tiempo —dice mientras apaga el ordenador. Sólo espera no **soñar con** abejas esa noche.

> Es gibt zwei verschiedene Möglichkeiten, das Verb „sich an etwas erinnern" auszudrücken:
> *acordarse de algo/alguien:*
> Me acuerdo de mi infancia.
> Me acuerdo de Lola.
> *recordar algo/a alguien:*
> Recuerdo mi infancia.
> Recuerdo a Lola.

soñar con — träumen von

Ejercicio 9: La palabra escondida. Übersetzen Sie und enträtseln Sie das Lösungswort!

1. Forschung _ _ _ _ _ _ _ _ _ ☐ _ _ _ _ _
2. Labor _ _ ☐ _ _ _ _ _ _ _
3. Pestizid _ ☐ _ _ _ _ _ _ _ _
4. Chef ☐ _ _ _
5. Büro _ _ _ _ ☐ _ _ _
6. Überraschung _ _ _ _ _ _ _ _ ☐ _

Lösung: ☐☐☐☐☐☐

De visita

–¿Cómo está tu dedo? –pregunta García, sentado en su despacho.
–Mejor, gracias –responde Bea.
–A lo mejor te sienta bien si comemos algo –propone el comisario.

lomo *m*	Lende

–A mi dedo, no sé, pero a tu estómago seguro que sí –dice Bea entre risas.
–Ahora mismo estoy pensando en uno de esos maravillosos bocadillos de lomo con queso que hacen en el bar de abajo.
–Vamos, entonces.

Mientras comen el bocadillo, Bea habla con García sobre la información que tiene sobre el Centro de Investigación de abejas.
–Qué casualidad, aquí cerca está el centro más importante de España. ¿Qué te parece si vamos para allá? –propone Bea.
–Sí, claro, podemos ir. Pero, espera, todavía tengo un poco de hambre, voy a pedir otro bocadillo para el camino…
–No sé por qué no me sorprende –dice Bea riéndose.

> Substantive, die auf „a" anlauten und auf der ersten Silbe betont werden wie *hacha, hambre, agua* sind feminin, zur besseren Aussprache benutzt man aber den maskulinen Artikel:
> *el hacha, el hambre, el agua*.
> Verbunden mit einem Demonstrativ- oder indefiniten Begleiter, wird wiederum die weibliche Form angezeigt:
> *esta hacha, aquella arma, poca/mucha hambre*.

Mientras, en el Centro de Investigación de abejas, Martina entra en el laboratorio como cada mañana.

–Buenos días, Carlos.

–Hola, Martina.

Martina quiere preguntarle a Carlos cómo está, pero **nota** cierta tristeza en su cara y no **se atreve**.

–¿Qué tal? ¿Cómo siguen las cosas por aquí? –pregunta Carlos finalmente.

–Genial –responde Martina–. Por fin he terminado la investigación que me ha llevado tanto tiempo. Por lo demás, todo bien. Bueno, no sé si lo sabes...

–¿El qué? ¿Qué pasa? –pregunta Carlos con curiosidad.

–Bueno, hace unos días vino una periodista de la revista "Present Science"...

–Ah, algo he oído.

Martina lo mira con sorpresa. Parece que en el laboratorio no se pueden tener secretos.

Ejercicio 10: Sustantivos. Übersetzen Sie folgende Wörter! Vergessen Sie den Artikel nicht!

1. die Traurigkeit _____

2. das Problem _____

3. der Hunger _____

4. der Vormittag _____

5. der Weg _____

–Sí, me han hecho una entrevista sobre el trabajo que hemos hecho tú y yo –comienza Martina–. Es una pena, no he podido decírtelo antes con lo del accidente de tu madre…

–Ya, no te preocupes –responde Carlos sin mirar a Martina.

–Carlos, de verdad, no ha sido mi **intención**. Ha sido algo urgente… Mi idea no es **hacerme famosa** y dejarte de lado o algo así, lo sabes, ¿no?

–Ya, está bien, Martina. Olvídalo –dice Carlos mientras se da la vuelta.

Martina se queda con una mala **sensación**, parece que Carlos está **dolido**.

notar	bemerken
atreverse	sich trauen
intención f	Absicht
hacerse irr famoso	berühmt werden
sensación f	*hier*: Gefühl
dolido	verletzt
comprobar	überprüfen
imprimir	drucken
descolgar irr	abnehmen (Telefon)

Sin muchas ganas, comienza a trabajar. Un compañero le pide ayuda, así que Martina cambia de laboratorio.

–¿Dices que tienes diferentes resultados? Mira, me parece que hay un error aquí. Vamos a corregir un detalle…

–Está bien, voy a **comprobar** los resultados –dice el compañero mientras se va a otra habitación para **imprimir** un documento.

Martina se queda sola. De repente suena el teléfono. Duda si cogerlo, pues no es su sitio de trabajo. Finalmente **descuelga**.

–¿Diga?

Nadie contesta. No se oye nada[i].

–¿Hola? –pregunta de nuevo.

Nada. Tras unos segundos, cuelga el teléfono.

> Im Spanischen benutzt man häufig die doppelte Verneinung. Steht das Negationsadverb nach dem Verb, muss das Wort *no* vor dem Verb hinzugefügt werden. Die Bedeutung ist dieselbe, mit der Dopplung wird jedoch die ablehnende Haltung betont:
> ***Nunca** voy al teatro.*
> ***No** voy **nunca** al teatro.*

Ejercicio 11: Tiempos verbales. Formulieren Sie die Sätze im Präsens!

1. He terminado la investigación que me ha llevado tanto tiempo.

   _____
   _____

2. A veces ha venido una periodista de una revista.

   _____

3. Me han hecho una entrevista sobre el trabajo que hemos hecho.

   _____
   _____

4. No he podido decírtelo antes.

   _____

5. Ha sido algo urgente.

   _____

"Qué raro", piensa.
Vuelve a sonar el teléfono. En el display aparece "Llamada externa". Martina toma de nuevo el auricular.
–¿Diga?

Oye un ruido, pero nadie habla.
–¿Hola? ¿Me oye? No oigo nada –dice Martina pensando que es un error de la línea telefónica.
–Ten cuidado –responde finalmente una voz al otro lado.
–¿Cómo? ¿Quién es usted? –pregunta Martina sorprendida.
–Ten cuidado con lo que haces, te estamos vigilando –responde la voz.
–¿Qué dice? –pregunta Martina, pensando que es una broma pesada, pero la otra persona ya no escucha.
Martina cuelga el teléfono. Un escalofrío recorre su espalda. De repente la puerta del laboratorio se abre. Es su compañero.
–¿Qué pasa, Martina? ¿Estás bien? Tienes mala cara.
–Sí, sí –responde Martina un poco desconcertada–. Es que ha llamado alguien y en el display he visto "Llamada externa", ¿sabes de dónde llaman?
–Pues no lo sé, pero seguro que es de fuera del Centro de Investigación. ¿Qué te han dicho?
–No he podido oír bien, pero nada importante, creo que se han equivocado.
–Pero, ¿han preguntado por mí?
–No, creo que no.
–Bueno, está bien. ¿Seguimos?
–Necesito tomarme una pausa, en unos minutos vuelvo.

auricular *m*	Telefonhörer
ruido *m*	Geräusch
error *m*	Fehler
tener *irr* cuidado	aufpassen, vorsichtig sein
voz *f*, voces *f pl*	Stimme
vigilar	*hier*: beobachten
broma *f* pesada	schlechter Scherz
escalofrío *m*	Schauder
desconcertado	verblüfft
equivocarse	*hier*: sich verwählen

Martina decide subir a tomar un café, de camino, en la recepción, se encuentra con dos caras nuevas. Oye lo que le dicen a la recepcionista.

–Nosotros también somos investigadores, pero de otro tipo –dice García sonriendo.
–¿Y en qué puedo ayudarles? –pregunta la recepcionista.
–Queremos visitar el Centro de Investigación, si es posible.
Julia mira a Martina, que en ese momento está cerca de ellos. Martina se da cuenta.
–Bueno, normalmente no están permitidas las visitas, pero bueno, justo ahora voy a tomar un café, pueden venir conmigo –contesta Martina con amabilidad.
–Ah sí, estupendo –dice el comisario, pensando que seguro que hay algo de comer en la salita del café.
Después de las presentaciones, Martina pregunta con curiosidad.
–¿Y qué les ha traído por aquí?
–Bueno, ahora mismo tenemos un problema con las abejas –contesta Bea.

Ejercicio 12: ¿Verdadero o falso? Welche Aussagen sind korrekt? Kreuzen Sie an!

1. Bea va de nuevo al hospital por la picadura de abeja. ☐
2. Martina le cuenta a Carlos que ha hecho una entrevista. ☐
3. Carlos está contento tras la noticia de la entrevista. ☐
4. El compañero de Martina recibe una llamada. ☐
5. El comisario y Bea van al Centro de Investigación donde trabaja Martina. ☐

–¿Ah, sí? ¿Qué problema?
–Tenemos una colmena en nuestro despacho –contesta el comisario.
–¿Desde hace mucho? –pregunta Martina.
–Desde hace unos días, algo más de una semana.
–Bueno, a veces las colmenas sólo están de forma temporal en un sitio, después de un tiempo se mueven a otro sitio.
–Sí, eso hemos leído.
–Entonces es mejor si esperáis un par de días –aconseja Martina.
–En el suelo hemos visto algunas abejas muertas, ¿es normal? –se interesa el comisario.
–Abejas muertas... –murmulla Martina–. Bueno, puede ser por tantas razones… Hay que analizar la situación. En cualquier caso es mejor esperar unos días para ver cómo reaccionan las abejas, si se van o no.
–Sí, además a mí me ha picado una abeja –se queja Bea–. Lo curioso es que, después de picarme, se me ha hinchado el dedo de una forma increíble.

permitido	erlaubt
aconsejar	raten
quejarse	sich beklagen
veneno *m*	Gift
sorbo *m*	Schluck
bolso *m*	Tasche
muestra *f*	Probe

–Ah, seguramente tienes alergia al veneno –responde Martina.
–Pues no, he estado en el médico y no, no tengo alergia.
–Interesante –contesta Martina dando un sorbo al café.
Bea saca una bolsa de plástico de su bolso.
–Mira, aquí he traído una muestra.
–Vaya, qué bien preparados –se sorprende Martina–. Si queréis, me podéis dejar la muestra para analizarla.
–Con mucho gusto –responde Bea.
–¿Qué hacéis aquí exactamente? –pregunta el comisario mirando a su alrededor.

–Bueno, hay varias investigaciones, cada planta está especializada en un tema. Siento mucho no poder enseñaros el Centro, pero normalmente no está permitido.
–Entiendo –contesta García.
–A mí me parece que ya nos **haces un favor** si analizas la muestra –dice Bea con una sonrisa.
–¿Queréis tomar otro café?
–Con uno es suficiente, gracias –contesta Bea.
–No, gracias, más café no, pero otro **bollito** de estos... –dice el comisario, señalando el plato que hay encima de la mesa.
–Claro –contesta Martina con amabilidad.
–La gran **debilidad** del comisario –añade Bea entre risas.

> Der **Diminutiv**, also die Verkleinerungsform, wird normalerweise mit *-illo/-illa* oder *-ito/-ita* gebildet. Die meisten Wörter können mit beiden Suffixen gebildet werden: *la casa - la casilla/casita*. Für einige ist jedoch nur eine Form üblich: *un librito*, aber nicht *un librillo*; *una niñita*, aber nicht *una niñilla*.
> Der Diminutiv ist im Spanischen sehr gebräuchlich. Meist schwingt eine Nuance von Zärtlichkeit bzw. Verniedlichung mit.

Martina acompaña al comisario y a Bea hasta la puerta.
–Aquí tienes nuestra **tarjeta** –dice García.
–Genial, os voy a llamar pronto. Gracias por la muestra.
–A ti, a ti, hasta la próxima –dice Bea.
–Adiós, Martina –se despide el comisario.

La recepcionista sonríe a Martina.
–¡Qué pareja más divertida!
–Sí, muy simpática.

hacer *irr* **un favor a alguien**	jmd. einen Gefallen tun
bollito *m*	Gebäckstück
debilidad *f*	Schwäche
tarjeta *f*	*hier*: Visitenkarte
ADN *m*	DNS
estar *irr* **relacionado con**	zusammenhängen mit
jornada *f* **de trabajo**	Arbeitstag
parabrisas *m*	Windschutzscheibe
publicidad *f*	Werbung

Ejercicio 13: Completar. Lesen Sie weiter und füllen Sie die Lücken mit den folgenden Substantiven!

elemento   abeja   trabajo   explicaciones   pruebas

Martina vuelve al laboratorio de su compañero, pero él ya está listo. Por eso, ella vuelve a su lugar de 1. _____ y analiza la 2. _____ que ha traído Bea. En principio no ve nada extraño, así que tiene que hacer más 3. _____, analiza el ADN y parece que tiene un nivel de un 4. _____ demasiado alto. Lo habla con sus compañeros y compañeras. Hay varias 5. _____ posibles. Martina sigue haciendo pruebas, su teoría es que puede estar relacionado con algún tóxico ambiental.

Cuando termina su jornada de trabajo, toma su chaqueta y se dirige a su coche. Abre la puerta y se sienta. En ese momento se da cuenta de que hay un papel en el parabrisas. Es el tercero dentro de pocas semanas y nunca es algo interesante.
–¡Cuánta publicidad! –se queja, abriendo la puerta del coche para retirar el papel.
Por casualidad mira lo que está escrito.

Esta investigación te va a costar muy cara.

Ejercicio 14: Caracol de palabras. Welche Wörter sind gesucht? Tragen Sie sie in die Wortspirale ein!

1	2	3	4	5	6
20	21	22	23	24	7
19	32	33	34	25	8
18	31	36	35	26	9
17	30	29	28	27	10
16	15	14	13	12	11

- **1-5:** Chiste, anécdota divertida
- **5-9:** Normalmente la recibes en una situación difícil
- **9-13:** Lo contrario de "después"
- **13-20:** Un problema casi siempre tiene...
- **20-24:** Antónimo de "viejo"
- **24-31:** Mirar con mucha atención
- **31-36:** Zona, territorio

Martina lo lee sin **dar crédito**.
—No puede ser —dice en voz alta.
Se pregunta quién está detrás de esto y sobre todo empieza a pensar que ya no se trata de una broma. "Puede que esté exagerando", se dice a si misma. "Seguro que es una locura de alguien".

Comienza a conducir nerviosa. No sabe dónde ir. Durante un rato da vueltas por Barcelona sin un **destino** concreto. Mientras, sólo piensa en quién puede querer **amenazarla**. Quizá la llamada no ha sido para ella. Finalmente aparca el coche delante de su casa. Intenta pensar en positivo, pero **en el fondo** tiene un mal **presentimiento**.

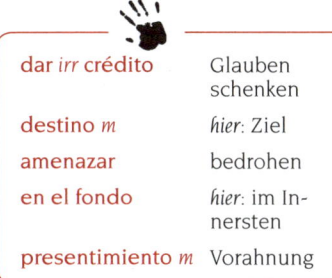

dar *irr* **crédito**	Glauben schenken
destino *m*	*hier*: Ziel
amenazar	bedrohen
en el fondo	*hier*: im Innersten
presentimiento *m*	Vorahnung

Algo inesperado

–Ya ha pasado más de una semana y las abejas no se van –comenta Bea en el balcón del despacho con cierta irritación.
–No es para tanto, Bea. Mira el lado positivo, a lo mejor hasta podemos **obtener** miel –responde el comisario con humor.
–Aunque no me gustan las abejas, tengo que reconocer que son animales muy necesarios –dice Bea con resignación–. La verdad es que para mí han sido animales desconocidos hasta que hemos empezado a leer en internet sobre ellas.
–Sí, son animales muy curiosos –añade el comisario–. Ahora tengo curiosidad por conocer los resultados del análisis del Centro de Investigación.
–Bueno, Martina está de camino. Hay que tener un poco de paciencia.
–¿Qué te parece si esperamos con algo de comida? –propone García–. Antes he sentido un maravilloso **olor** a **tortilla** del bar de abajo.

> *Media mañana* bezeichnet eine Zeit zwischen Frühstück und Mittag. *Comer algo a media mañana* bedeutet, etwas Kleines gegen 11 Uhr zu essen.

Bea mira el reloj. Ya es media mañana.
–Jefe, tú como siempre. Claro, vamos a pedir un par de bocadillos. La verdad es que yo también tengo un poco de hambre.
–Muy bien, Bea, ¡esa es la **actitud**! –responde el comisario, **entusiasmado con** la idea de comer tortilla.
–Te invito, ¿de acuerdo? –dice Bea sonriendo.

Mientras tanto, Martina está haciendo un nuevo análisis de la muestra que el comisario y Bea le han traído. En el Centro todo ha vuelto a la normalidad. Martina cada vez está más convencida de que aquella llamada y aquel papel han sido solamente una broma pesada de alguno de sus compañeros o compañeras.

–Hola, Martina.
Martina se da la vuelta al oír su nombre.
–Hola, Paco.
–¿Qué estás haciendo ahora? –pregunta Paco acercándose a Martina.
–Estoy analizando una muestra nueva.

obtener *irr*	bekommen
olor *m*	Geruch, Duft
tortilla *f*	Kartoffelomelett
actitud *f*	(richtige) Einstellung
entusiasmado con	begeistert von
pendiente	*hier*: unerledigt
devolver *irr*	zurückgeben

–¿Tienes nuevos resultados?
Martina duda la respuesta. Realmente no hay nuevas conclusiones con respecto al último trabajo.
–No, seguimos con las mismas conclusiones. ¿Has leído mi trabajo? –intenta cambiar de tema Martina, pues no tiene muchas ganas de explicarle a su jefe cómo ha llegado esta muestra a sus manos, ya que normalmente no hay visitas en el Centro de Investigación para personas que no están relacionadas con la investigación.
–He comenzado, pero la verdad es que no he tenido tiempo de leerlo todo.
–Ah, entonces tenemos que esperar para poder publicarlo.
–Sí, así es. Lo siento, tengo mucho trabajo **pendiente**.
–Está bien. Una investigación de tantos meses puede esperar unos días para ser publicada –dice Martina en tono optimista.
Paco le **devuelve** una sonrisa y se va.

Martina pronto acaba el análisis y se dirige al despacho de García y Bea.

–Buenos días.
–Hola, Martina, pasa –la saluda el comisario.
Martina pasa al despacho un poco **excitada**.

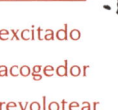

excitado	*hier*: aufgeregt
acogedor	gemütlich
revolotear	schwirren
asentir *irr*	nicken
atentamente	aufmerksam
mapa *m*	Karte
expectación *f*	Interesse
cuadrar con	passen zu

–Nunca he estado en un despacho de policías –dice Martina con una risa nerviosa.
–No tienes que preocuparte, no es nada fuera de lo habitual –la tranquiliza Bea.
–La verdad que es **acogedor** –contesta Martina mirando la habitación donde están.

–Ven, pasa por aquí –le dice el comisario a Martina.
Como❶ el despacho es pequeño no necesitan mucho tiempo para llegar al balcón, donde las abejas **revolotean** en una esquina.

–Ah, ¡siguen aquí! –exclama Martina.
Mira hacia abajo y ve algunas abejas muertas. Se acerca para observarlas.
–¿Y qué pensáis? ¿Hay cada vez más abejas muertas?
–Yo creo que sí –dice Bea mirando a su jefe.
El comisario **asiente** con la cabeza.
–Es extraño. Bueno, en realidad es normal si algunas mueren cuando otras se van para buscar otro lugar

> *Como* kann als Konjunktion benutzt und mit „da" oder „weil" übersetzt werden. Es steht nur dann an erster Stelle in einem Nebensatz, wenn auf diesen der Hauptsatz folgt: ***Como*** *tengo tiempo libre voy a quedar con mis amigos.* Folgt der Nebensatz auf den Hauptsatz, wird der Nebensatz nicht mit *como*, sondern mit *porque* eingeleitet: *Voy a quedar con mis amigos **porque** tengo tiempo libre.*

Ejercicio 15: Palabras cortas. Schreiben Sie die Substantive aus!

1. el boli _____el bolígrafo_____
2. la bici _____
3. la tele _____
4. la uni _____
5. el cole _____
6. la foto _____

para vivir. Lo extraño es que se quedan aquí, pero aun así algunas mueren. ¿Podemos seguir hablando dentro? –dice Martina.
–Bueno, tengo los resultados de la muestra –dice Martina una vez dentro del despacho.
Bea y García escuchan atentamente.
–Pero tengo que saber la dirección exacta donde ha aparecido la abeja que me habéis entregado.
–Sí, claro –dice Bea tomando un papel y un boli–. Ha sido en mi casa, esta es la dirección, podemos verlo en un mapa de internet.
Los tres miran el mapa con expectación en el ordenador. Martina conoce bien la situación de las colmenas en Barcelona y alrededores.
–Ahora me parece que todo tiene sentido –dice Martina.
García y Bea escuchan con atención y curiosidad a Martina.
–¿Entonces? –pregunta el comisario.
–Bueno, es que justo ahora he terminado una investigación sobre tóxicos ambientales y esto cuadra con los resultados. Sin embar-

go, la investigación todavía no se ha publicado. Seguramente hoy o mañana mi jefe va a leer el informe y entonces se puede publicar. Hasta entonces los datos son confidenciales y no puedo decir nada.

—¡Qué pena! Pero lo entendemos —dice el comisario, que sabe cómo funciona la investigación.

—Bueno, yo tengo que volver al laboratorio —añade Martina.

—Ah, ¡tan rápido! Es casi la hora de comer —dice el comisario mirando el reloj—. ¿Te apetece acompañarnos? Aquí cerca hay un restaurante de comida casera catalana.

—No sé... La verdad es que no le he dicho nada a mi jefe, pero igualmente tengo que comer... Venga, está bien, vamos.

Los tres caminan por las calles de Barcelona hasta que llegan al restaurante.

—Como ves es un restaurante muy sencillo —dice el comisario cuando entran.

—Sí, es verdad. No he estado nunca aquí —comenta Martina.

—Bueno, yo he estado muchas veces y te aseguro que se come de lujo —dice García, contento.

> **Escalivada** ist ein katalanischer Salat bestehend aus gegrilltem Gemüse wie Aubergine, Zwiebel und Paprika. **Calçots** sind gegrillte Frühlingszwiebeln, die in eine scharfe Paprikatomatensoße getunkt werden. Beim Essen empfiehlt es sich, ein „Lätzchen" zu tragen - eine Vorsichtsmaßnahme, die zwar lustig aussieht, aber selbst in den besten Restaurants getroffen wird.

—Hola, María —saluda García a la cocinera.

—Hola, ¿qué tal? Hoy venís con compañía. Sentaos, por favor, hay una mesa libre al fondo.

—Ya veo que os conocen por aquí —dice Martina sonriendo.

Los tres se sientan a la mesa.

—La especialidad de la casa es la escalivada, pero también los calçots son buenísimos —aconseja el comisario.

—Ah, pues a mí me encanta la butifarra blanca —añade Bea—. En Alemania las salchichas son diferentes, la butifarra tiene otro sabor.

—Bueno, vamos a pedir uno de cada y así puedes probar varias cosas —propone García con mucha hambre.

—Veo que os gusta comer —comenta Martina en tono divertido—. ¡Qué hambre tengo ahora!

confidencial	vertraulich
casero	hausgemacht
sencillo	bescheiden
asegurar	versichern
↯ de lujo	wunderbar
butifarra f	Art Bratwurst
con prisa	eilig

Ejercicio 16: Preposiciones. Lesen Sie weiter und unterstreichen Sie die richtigen Präpositionen!

Cuando acaban 1. a / de comer, Martina se despide con prisa, pues tiene que volver al trabajo. De camino piensa 2. por / en las amenazas. Definitivamente ha decidido que es mejor ignorarlas. Aunque ha sentido un poco de miedo, piensa que no es nada serio. 3. De / En cierto momento ha dudado si contárselo 4. a / por los policías, pues ha tenido un rato muy agradable 5. para / con ellos y le ha parecido que son personas de confianza. Sin embargo, no quiere darle más importancia. Seguramente es algo que pronto se le va 6. de / a olvidar.

Vuelve al laboratorio pensando que a lo mejor su jefe ha leído ya su informe sobre la última investigación. Tiene ganas de verlo publicado.

–Hola, Julia.

–Buenas, Martina. ¿Qué tal? ¿Has comido ya? –pregunta la recepcionista.

–Sí, muchísimo. ¿Qué tal por aquí?

–Como siempre, todo normal.

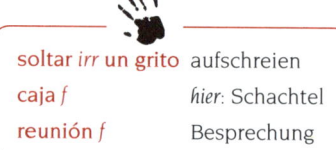

soltar *irr* un grito	aufschreien
caja *f*	*hier*: Schachtel
reunión *f*	Besprechung

Pasa las primeras puertas, no hay mucha gente. Está todo bastante tranquilo. Por fin llega a su laboratorio.

–¡Ah! –<u>suelta un grito</u> Martina llevándose la mano a la boca–. ¡No puedo creerlo! ¿Qué ha pasado aquí?

Ejercicio 17: Sopa de letras. In diesem Gitternetz sind fünf typische Gerichte der spanischen Küche versteckt. Welche sind es?

Q	U	W	O	Z	T	P	L	U	M
I	L	R	A	C	O	C	I	D	O
B	V	P	U	S	R	P	L	H	E
C	E	R	F	A	T	A	X	F	D
E	S	C	A	L	I	V	A	D	A
A	H	N	I	S	L	P	N	F	P
B	P	A	E	L	L	A	S	L	Z
V	G	A	Z	P	A	C	H	O	A

Delante de Martina hay una caja en la que hay un montón de abejas muertas. Son las abejas que Martina ha usado para su investigación. Sale rápido del laboratorio y avisa a Julia.
—¡Julia, ven, corre! —grita Martina.
—¿Qué pasa? —dice la recepcionista, asustada, mientras se levanta rápidamente de su silla.
—Mira, mira lo que ha pasado.
Julia tiene prácticamente la misma reacción que Martina.
—¿Cómo es posible? —dice Julia acercándose a la caja—. ¿Están muertas?
—Eso parece —responde Martina sin dar crédito.
—Es horrible —añade Julia.
—Tenemos que avisar a Paco —dice Martina, cada vez más nerviosa.
Julia mira a Martina con cara de pena.
—No va a ser posible. Está en una reunión fuera del Centro.

Ejercicio 18: El superlativo. Wie lauten die Superlativformen der folgenden Adjektive und Adverbien?

1. mucho _____
2. caro _____
3. guapa _____
4. inteligente _____
5. difícil _____
6. fácil _____

Martina comienza a andar de un lado para otro. Cada vez está más nerviosa. No puede pensar de forma efectiva. Busca su teléfono móvil.

–Tengo que hacer una llamada –dice de repente.

Julia se queda sin palabras en mitad del laboratorio.

–Espera, puedo intentar localizar a Paco –propone Julia.

–Da igual, ya están muertas.

Ejercicio 19: Comprensión. Beantworten Sie die Fragen zum Text!

1. ¿Qué sabe Martina después de hablar con Paco?

2. ¿Por qué va Martina al despacho de Bea y del comisario?

3. ¿Con quién come Martina?

4. ¿Qué ve Martina cuando vuelve al laboratorio?

5. ¿Cómo reacciona?

Martina se va fuera del laboratorio. Todo su trabajo de tantos meses **se ha ido al traste**. Sólo si Paco ha leído y aprobado su informe puede ser **válida** su investigación. Pero eso es poco probable, pues esta mañana ha dicho que no ha leído el informe y después se ha ido a la reunión. Ahora sí que piensa que las amenazas son en serio. Nerviosa, busca la tarjeta del comisario y Bea y marca el número.

localizar	*hier*: erreichen
⚡ irse *irr* al traste	für die Katz' sein, scheitern
válido	gültig, etw. wert sein

–¿Sí? –responde el comisario.
–¿Comisario? Soy Martina. Necesito ayuda, tenéis que venir urgentemente al Centro de Investigación.

5. Muerte repentina

El comisario y Bea se dirigen rápidamente al Centro de Investigación. Son las cinco de la tarde, mucha gente sale ahora del trabajo y el tráfico comienza a ser cada vez más denso.
–Toma esta calle, después la primera a la derecha te lleva directamente a la carretera donde está el Centro de Investigación –propone Bea.

repentino	plötzlich
denso	*hier*: stockend
carretera *f*	Landstraße
pinzas *f pl*	Pinzette
enfermedad *f*	Krankheit
clavar	stechen
aguijón *m*	Stachel

–Muy bien pensado, Bea –contesta García.
Cuando llegan al Centro de Investigación ven a Martina en la puerta. Se nota que está nerviosa, camina de un lado a otro. Se saludan rápidamente.
–Venid conmigo, por favor –dice Martina.
Cuando llegan al laboratorio, el comisario y Bea pueden ver lo que ha ocurrido.
–Es una tragedia –comenta Martina–. Después de todo el tiempo que he invertido en la última investigación, ahora todas las abejas están muertas.
El comisario toma una con unas pinzas y la observa atentamente.
–¿Has analizado alguna? –le pregunta a Martina.
–No, aún no... No puedo creerlo aún.
–Quizá es una buena idea analizar una muestra –intenta tranquilizarla Bea.

–Sí, tenéis razón. Voy a intentar concentrarme.

Martina toma la abeja que tiene García en la mano y comienza el análisis.

–Parece que está todo bien. Quiero decir, no hay signos de **enfermedades** o algo así.

–He leído que las abejas son animales muy sociales, ¿pueden llegar a suicidarse todas juntas? –pregunta García.

Ejercicio 20: ¿Ser o estar? Lesen Sie weiter und unterstreichen Sie die richtige Verbform!

–1. Es / Está cierto, 2. están / son animales muy sociales –Martina se queda pensativa durante unos segundos–. Sin embargo, nunca he oído algo así como un suicidio colectivo de abejas. Si 3. son / están estresadas pueden enfermar y morir. Pero no 4. está / es el caso, esta semana he hecho estudios y hasta ahora todos los análisis han salido bien.

–Pero las abejas mueren cuando se sienten atacadas, ¿no?

–Sí, **clavan** su **aguijón** y después mueren a los pocos segundos. No puede ser lo que ha ocurrido aquí, porque 5. son / están simplemente muertas, no hay signos de ataque. 6. Está / Es , de verdad, algo extraño.

—Hace poco has analizado la abeja que me picó y ahora... esta catástrofe —dice Bea algo deprimida. ¿Es por mí y la muestra que te di?

García y Martina se quedan unos segundos en silencio, sorprendidos.

—Tranquila, Bea. Nadie sabe lo de tu prueba —interviene Martina—. No te preocupes.

—¿Bueno, a qué hora ha ocurrido esto? —pregunta García.

—Cuando he vuelto al trabajo, después de comer. Os he llamado inmediatamente cuando he visto lo que ha pasado.

—Podemos ver la hora de la llamada —comenta Bea.

—Sí —dice García—. Exactamente eran las 16:17 h.

—Sí, algo más tarde de las cuatro —asiente Martina.

—¿A quién has visto en el Centro a esa hora?

—A la recepcionista, Julia. Y, no sé, no he visto a nadie más.

—Es necesario entrevistarla.

—Sí, claro, ella está en la recepción.

—¿Estás segura de que no has visto a nadie más?

—Segura. Es extraño, he notado casi demasiada[i] tranquilidad aquí.

—Y cuando te has ido esta mañana, ¿has visto o hablado con alguien? —pregunta Bea.

—Esta mañana he hablado con mi jefe. Y he oído a otros compañeros y compañeras hablando por allí, cuando he llegado. Como mi laboratorio está un poco lejos del resto, nunca sé quién está en el Centro, sólo si voy a tomar un café encuentro a otras personas o si alguien me pide su colaboración.

> *Demasiado* kann als Adverb oder als Adjektiv benutzt werden. Als Adverb bleibt die maskuline Form erhalten und es folgt ein Adjektiv: *Este caso es demasiado complicado*. Als Adjektiv gebraucht, wird es dekliniert und erhält eine feminine oder maskuline Endung im Singular oder Plural, je nach Substantiv, auf das es Bezug nimmt: *Hay demasiado miedo / demasiada gente / demasiados sospechosos / demasiadas investigaciones*.

–¿Dónde está tu jefe? –pregunta García.
–Julia ha dicho que Paco está en una reunión, no está en el Centro de Investigación.
–¿Sabe lo que ha pasado aquí?
–No, aún no. Vosotros sois las primeras personas a las que he informado.
–¿Has ido esta mañana a tomar café u a otro sitio? ¿Has visto a otras personas? –pregunta el comisario.

> Bei Relativkonstruktionen muss man auf die Präposition achten, die das Verb des Relativsatzes verlangt. Diese Präposition steht noch vor dem Relativpronomen, z. B. *pensar en alguien*: *Esta es la persona **en** la que estoy **pensando**.*

–No, no me ha dado tiempo ni he visto a nadie.
–Está bien, gracias –dice el comisario–. Vamos a hablar con Julia.

El comisario y Bea salen del laboratorio. Martina se queda allí haciendo más pruebas a las abejas.
–Hola, Julia. ¿Sabes lo que ha ocurrido hoy en el laboratorio? –pregunta Bea a Julia.
–Sí, claro, las abejas de Martina están muertas. La he oído gritar cuando ha vuelto después de comer.
–Ahá, ¿dónde has estado hasta las cuatro y media?
–Pues he estado en la recepción, menos a la hora de comer, entre las dos y las tres he salido a comer al restaurante de la calle de al lado, se llama "El diamante".
–¿Entre las dos y las tres? –se asegura el comisario.
–Sí, más o menos a esa hora.
–¿Quién ha venido después de las tres? –pregunta Bea.
–Pues yo creo que sólo Martina. Sí, solamente ella.
–Y esta mañana, ¿quién ha estado aquí?
–La verdad es que no he visto a mucha gente. Pero normalmente no llevo un control estricto de quién viene y quién no. Solamente

tenemos cuidado con las visitas, pues deben tener una autorización para pasar si no trabajan aquí.

–¿Nos puedes dar una lista con las personas que han tenido el **turno de mañana**?

–Sí, claro. Os puedo dar la lista, pero no es **cien por cien fiable** porque no llevamos un control de los turnos. Hay personas que tienen un turno fijo, como David, que es el chico de **mantenimiento**.

–¿David está aquí ahora?

–No, David acaba su turno a las tres –dice Julia mirando el reloj.

–Está bien –dice el comisario–. Paco ha estado esta mañana aquí, ¿verdad?

–Sí, no sé a qué hora ha venido, sobre las nueve, creo. Paco ha tenido una reunión a las dos y media, pero no aquí, fuera del Centro, y desde entonces no ha vuelto. Yo no lo he visto salir, pues entonces estaba en la pausa.

turno *m* de mañana	Frühschicht
cien por cien	hundertprozentig
fiable	verlässlich
mantenimiento *m*	*hier*: Wartung, Reinigung
concertar una cita	einen Termin vereinbaren
agenda *f*	Terminkalender
decepción *f*	Enttäuschung
huellas *f pl* dactilares	Fingerabdrücke
herramienta *f*	Werkzeug
envenenamiento *m*	Vergiftung
ácido *m* bórico	Borsäure

–¿Podemos **concertar una cita** con él mañana?

–Paco tiene tiempo sobre las nueve, ¿os apunto en la **agenda**?

–Sí, perfecto. Muchas gracias por tu colaboración.

El comisario y Bea reciben unos papeles con los nombres de las personas que trabajan en el turno de mañana. Se dirigen otra vez al laboratorio para buscar pruebas.

–Parece que está todo muy limpio –comenta Bea.

–Sí, demasiado –dice García con cierta **decepción**.

—Quizá ha pasado el chico de mantenimiento, David, para limpiar.
—Seguramente.
Buscan minuciosamente en el laboratorio.
—Nada, ni pelos, ni **huellas dactilares**, ni **herramientas** –dice Bea–. ¿Y tú, jefe, has encontrado algo?
—Nada, todo limpio.
—He descubierto algo nuevo –dice Martina con nerviosismo.
Bea y García escuchan con atención.
—He tenido la intuición de que ha podido ser un **envenenamiento**, he comprobado los niveles de **ácido bórico** en las abejas y efectivamente tienen unos niveles altísimos.
—Interesante –dice García–, envenenamiento. ¿Hay algo más que no sabemos?
Martina toma aire un momento.
—Sí, el otro día… Esta semana he recibido una llamada de teléfono, me dijeron algo así como: "Ten cuidado, te estamos vigilando". Bueno, la llamada la recibí en el laboratorio de un compañero, así que pensé que quizá no era para mí…

Ejercicio 21: Transformar. Ergänzen Sie die Verben und Partizipien!

1. envenenamiento _____ _____

2. reunión _____ _____

3. limpio _____ _____

4. descubrimiento _____ _____

5. análisis _____ _____

Pero después vi un papel en el parabrisas de mi coche –dice Martina llevándose las manos a la cara.
–¿Lo tienes?
–Sí, lo tengo en el bolso, esperad.
Martina busca en el bolso y encuentra el papel.
–Aquí está –dice Martina entregándoselo a García–. No lo he **tomado en serio**, he pensado que es una broma. Pero ahora, con las abejas envenenadas...
–Tranquila, vamos a averiguar lo que ha pasado –dice Bea.
–Sólo otra pregunta –dice el comisario–. ¿Has tenido algún problema con alguien del trabajo últimamente? ¿Algún **enfado** o algo así?

tomar en serio	ernst nehmen
enfado *m*	Ärger

–Eh, no, creo que no. Bueno, hace unos días hice una entrevista para una revista científica y el reportaje habla sobre una investigación que he hecho con un compañero, Carlos. Él no ha estado aquí durante unos días y no le he podido decir lo de la entrevista, así que la he hecho yo sola.
–¿Has hablado con él sobre esto?
–Sí, lo hemos hablado... Creo que no se lo ha tomado bien, parece que se ha molestado un poco, pero no hemos discutido.

> In erster Linie bedeutet *discutir con alguien* „mit jmd. streiten". Die Übersetzung „diskutieren" wird zwar auch benutzt, aber selten: *Hemos discutido sobre los nuevos planes de la empresa.*

García y Bea se miran sin decir nada.
–Y normalmente, ¿tenéis una buena relación? –pregunta Bea.
–Sí, en general, sí.
–¿Habéis discutido más veces?
–Bueno, somos compañeros de trabajo desde hace diez años, claro que hemos discutido alguna vez. Pero tenemos una buena relación, siempre me dice que soy una buena investigadora.
–¿Has visto hoy a Carlos por aquí? –pregunta García.

Ejercicio 22: Parejas. Welche der folgenden Satzteile gehören zusammen? Ordnen Sie zu!

1. ☐ No he podido concertar   a) a turnos.
2. ☐ El comisario y Bea tienen   b) una buena relación.
3. ☐ No me gusta trabajar   c) una cita con el detective.
4. ☐ Martina y Julia tienen   d) cuidado con los delincuentes.

–Esta mañana ha estado aquí, sí. Él es muy puntual y no le gusta hacer pausas muy largas para comer. Normalmente vuelve a las dos y media de la pausa.
–¿Carlos está aquí ahora? –pregunta Bea con curiosidad.
–No, él se va normalmente a las cinco a casa.
–Está bien. Martina, vamos a seguir investigando y nos ponemos en contacto contigo.
–Muchas gracias.

Los policías se dirigen al restaurante "El diamante". Allí hablan discretamente con el camarero.
–Somos policías. Estamos haciendo una investigación y necesitamos saber un par de cosas.
–Está bien –contesta el camarero, sorprendido.
–¿Conoce a la recepcionista[i] del Centro de Investigación de abejas?

> **Berufsgruppen**, die auf *-ista* enden, bezeichnen männliche und weibliche Personen zugleich. Die Endung bleibt unverändert:
> *el/la periodista* - der/die Journalist(in)
> *el/la taxista* - der/die Taxifahrer(in)
> *el/la electricista* - der/die Elektriker(in).
> **Ausnahme:**
> *el modisto/la modista* - der/die Modemacher(in).

Ejercicio 23: ¿Verdadero o falso? Welche Aussagen sind korrekt? Kreuzen Sie an!

1. Martina llama rápidamente al comisario y a Bea tras lo ocurrido. ☐
2. Las abejas de Martina se han suicidado. ☐
3. Es mentira que Julia ha comido en el restaurante "El diamante". ☐
4. Hay varias personas que trabajan en el turno de mañana. ☐
5. Cuando Bea y el comisario llegan al laboratorio para recoger muestras, está todo limpio. ☐

–Sí, a Julia. Sí, viene a menudo por aquí.
–¿Ha estado hoy aquí?
–Hoy sí, ha comido aquí. Me acuerdo incluso de que ha pedido el menú del día, hoy tenemos nuestro plato especial de la casa porque el cocinero quiere probar recetas nuevas…
–Está bien, señor, está bien. ¿Puede decirme sobre qué hora ha estado?
–Pues sobre las dos, sí, a la hora de comer. Sí, de dos a tres más o menos.
–Ok, muchas gracias.

García y Bea se van al despacho.

–¿Qué piensas, jefe?

–Bueno, Julia conoce a todas y todos los que entran y salen del Centro, así que tiene que haber sido alguien que conoce bien el Centro. En definitiva, alguien que trabaja allí.

–Sí. En este sitio trabaja bastante gente.

–Sí, este chico, ¿cómo ha dicho Martina?

–Carlos –responde Bea.

–Sí, ese.

–¿Crees que tiene **envidia** de Martina?

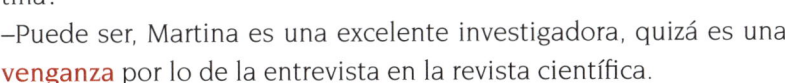

envidia *f*	Neid
venganza *f*	Rache

–Puede ser, Martina es una excelente investigadora, quizá es una **venganza** por lo de la entrevista en la revista científica.

–Suena lógico.

Ejercicio 24: La palabra escondida. Übersetzen Sie und enträtseln Sie das Lösungswort!

1. Bedrohung _ _ _ ☐ _ _ _
2. Arbeitskollege _ _ _ _ _ _ ☐ _ _
3. überwachen ☐ _ _ _ _ _ _
4. Polizei _ ☐ _ _ _ _ _
5. Beziehung _ _ _ _ _ _ ☐
6. Woche _ ☐ _ _ _ _

Lösung: ☐☐☐☐☐☐

–El envenenamiento con ácido bórico... Esa idea es de un científico y si Carlos es tan puntual ha tenido tiempo de dos y media a tres de **efectuar** el **asesinato** de las abejas –añade García–. Mañana vamos a averiguar si ha sido él.

efectuar	*hier*: verüben
asesinato *m*	Mord

 Sospechosos

–Buenos días, Bea –dice el comisario mientras saborea un delicioso croissant ⓘ.
–Buenos días, jefe. Creo que hoy voy a necesitar bastante café –contesta Bea con la taza en la mano.
–¿Y eso? ¿Has dormido mal?
–He dormido poco. He estado analizando los papeles que nos ha dado Julia sobre los turnos.
–¿Y?
–Bueno, es un poco caótico. Además hay bastante gente trabajando allí. Así que creo que lo mejor es centrarse en las personas, que por alguna razón personal quieren acabar con la investigación de Martina. ¿Por qué otra razón un compañero o una compañera quiere acabar con el trabajo de otra persona?

> Da es im Spanischen keine Nasallaute gibt, spricht man *croissant* für gewöhnlich [kroa'san] oder auch [krua'san] aus, mit Betonung auf der letzten Silbe.

sospechoso/-a m/f	Verdächtige(r)
de sobra	reichlich

–Tienes razón, Bea.
–Para mí, el principal sospechoso es Carlos. Hace siempre una pausa corta, así que ha tenido tiempo **de sobra** para prepararlo todo.
Sí, para mí, es él también. Y creo que conoce el proyecto de Martina en gran parte.
–Vamos al Centro de Investigación.

Ejercicio 25: Contrarios. Schreiben Sie die Sätze mit den Gegenteilen der hervorgehobenen Wörter!

1. Hay *bastante* gente trabajando.
   _____

2. ¿Has dormido *mal*?
   _____

3. He dormido *poco*.
   _____

4. La pausa que hace al mediodía es *corta*.
   _____

5. Es *un poco* caótico.
   _____

Son las ocho y cinco. Barcelona empieza a despertar y las carreteras comienzan a atascarse. Consiguen llegar sobre las ocho y media al Centro.
—Buenos días, Julia.
—Buenos días.
—¿Puedes avisar a Martina de que ya estamos aquí?
—Claro, un momentito.
Martina sale del laboratorio. Tiene cara de cansada.
—Os invito a un café en la salita, venid conmigo —dice Martina.
—¿Cómo estás? —pregunta Bea con amabilidad.

–Bueno. He aceptado la situación. Evidentemente mi investigación se va al traste. Ahora sólo quiero saber quién está detrás de todo esto. ¿Tenéis alguna información nueva?
–No, hemos venido a entrevistar a algunos de tus compañeros. Alguna sospecha de quién puede haber sido? –pregunta García.
Martina suspira.

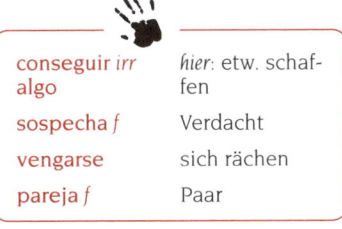

conseguir *irr* algo	*hier*: etw. schaffen
sospecha *f*	Verdacht
vengarse	sich rächen
pareja *f*	Paar

–Piensa. Quizá alguien que por razones personales, profesionales o emocionales quiere hacerte daño –intenta ayudar Bea.
–Aparte de Carlos, quizá por vengarse por lo de la entrevista de la revista... O quizá...
–¿Quién?
–Quizá David –contesta Martina nerviosa–. No, no puede ser...
–¿Por qué?
–David es el chico que se encarga de limpiar y comprobar que las máquinas funcionan.
–¿Qué interés puede tener él en acabar con tu investigación? –pregunta Bea sin entender bien lo que piensa Martina.
–Bueno, puede tener cierto interés en hacerme daño en general, da igual si es con una investigación o con otra cosa.
–¿Por qué piensas que quiere hacerte daño?
Martina se pone roja de repente.
Suelta la taza de café, nerviosa.
–Veréis, hace poco tiempo, como dos meses o algo así, David y yo empezamos a vernos fuera del trabajo. Al principio de vez en cuando, pero cada vez más a menudo, hasta que comenzamos a tener una relación de pareja.

> Aufgepasst: *Empezamos* und *comenzamos* sehen aus wie die *1. Pers. Plural Presente*. Da hier in der Vergangenheit erzählt wird, ist jedoch die *1. Pers. Plural Indefinido* gemeint. In allen anderen Personen unterscheidet sich das Konjugationsschema wieder.

—Interesante –responde García.
—En realidad, hemos estado juntos un mes o algo así. Poco tiempo.
—¿Y qué ha pasado después de ese mes? –pregunta Bea.
—Pues cada vez la relación se ha vuelto más **tensa**. No nos ponemos de acuerdo en muchas cosas y he sido yo la que he decidido no continuar con la relación.
—¿Crees que ahora se quiere vengar por tu decisión?
—Puede ser, pero en el fondo no lo veo **capaz**, no sé.
—¿Piensas en alguien más?
—No, aquí no tengo relaciones muy **estrechas** con otras personas.
—Está bien, vamos a seguir trabajando –dice el comisario.

tenso	gespannt
capaz	fähig
estrecho	eng
enterarse de	etw. erfahren

Ejercicio 26: Completar. Lesen Sie weiter und setzen Sie die korrekte Verbform im Präsens ein!

Bea y García **1. ir** _____ a salir de la salita cuando la puerta se abre de repente. Por un segundo **2. quedarse** _____ paralizados.

—Hola, buenos días – **3. decir** _____ una voz masculina.

—Buenos días – **4. responder** _____ Bea y el comisario.

—Buenos días, Paco. ¡Por fin **5. estar** _____ aquí! —exclama Martina con alegría.

—Ay, Martina, cuánto lo **6. sentir** _____. Acabo de **enterarme de** lo que ha pasado con tus abejas —dice Paco con tristeza.

—Sí, la verdad es que no ha sido fácil —dice Martina cabizbaja—. Pero lo bueno es que el comisario García y Bea me están ayudando a descubrir quién **7. poder** _____ estar detrás de todo esto.

—¡Ah, qué bien! Así que tienes ayuda de profesionales —comenta Paco sonriendo.

—Justo ahora tenemos una reunión con usted, si no me equivoco —añade García mirando su reloj.

—Sí, por favor, vamos a mi despacho. Allí podemos hablar tranquilamente —propone Paco.

> Mit der Wendung *acabar de* + *Infinitiv* kann man erklären, dass man etwas soeben getan hat. Ein zusätzliches Zeitadverb wie *ahora mismo* oder *hace un momento* wird nicht gebraucht, da es bereits ausgedrückt wird.

El despacho de Paco es sin duda el más grande y mejor equipado del Centro de Investigación.

—Pueden sentarse —les dice Paco amablemente.

—Es un buen lugar de trabajo —comenta el comisario.

–Sí, hemos hecho un par de arreglitos. La verdad es que ahora es bastante acogedor.
–O incluso lujoso –añade Bea señalando la lámpara con cristales brillantes.
–Bueno, como ustedes ya saben, somos el Centro de Investigación más importante de España.
–Cierto –dice García–. En realidad, hemos venido para hacerle unas preguntas sobre lo ocurrido ayer aquí.
–Sí, por supuesto.
–¿Qué le parece lo que le ha pasado a Martina?
–Bueno, es algo horrible. Martina es una de las mejores investigadoras del Centro.
–¿Ha ocurrido algo así antes?
–No, nunca. Es una desgracia. Estamos conmocionados.
–Hemos estado investigando quién estuvo ayer en el turno de mañana y usted también estuvo aquí, ¿verdad?
–Sí, sí, como casi todos los días, vengo pronto por la mañana y solo me voy de Centro si tengo reuniones fuera.
–¿Observó algo extraño durante el día de ayer?

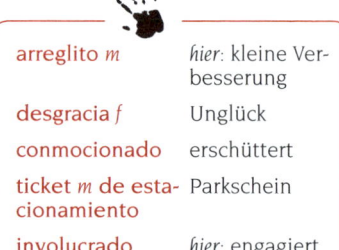

arreglito *m*	*hier*: kleine Verbesserung
desgracia *f*	Unglück
conmocionado	erschüttert
ticket *m* de estacionamiento	Parkschein
involucrado	*hier*: engagiert

–No, la verdad es que no.
–Sabemos por Julia que usted fue a una reunión, ¿es verdad?
–Sí, una reunión en el centro de Barcelona. Si necesitan una prueba... Aquí tengo mi ticket de estacionamiento.
–Muy bien, gracias. ¿Y a qué hora salió del Centro?
–Pues, a mediodía, más o menos. Y después de la reunión me fui directamente a casa, creo que a las cinco.
–Está bien, muchas gracias, Paco.
–De nada.

Ejercicio 27: Sopa de letras. In diesem Gitternetz sind sechs Objekte aus dem Büro versteckt. Welche sind es?

S	M	O	Z	A	P	S	T	W
A	E	R	T	Y	L	M	E	A
P	S	S	E	L	Á	N	L	D
L	A	I	C	U	M	E	É	H
I	H	L	F	J	P	L	F	P
R	E	L	O	J	A	I	O	F
P	G	A	F	U	R	V	N	B
O	R	D	E	N	A	D	O	R

Ahora Bea y el comisario se dirigen a otro laboratorio.

–Hola, Carlos.

–Hola –dice Carlos, extrañado de oír su nombre–. ¿Nos conocemos?

–No, aún no. Somos policías y estamos investigando lo que ha ocurrido en este laboratorio.

–Sí, pobre Martina[i], parece que no le ha dado tiempo a publicar su investigación.

–Así es. Queremos hacerte algunas preguntas. ¿Cómo es tu relación con Martina?

–Tenemos una buena relación, trabajamos juntos desde hace mucho tiempo. Siempre le digo que ella trabaja demasiado, está muy involucrada en su trabajo, pero por eso es una investigadora brillante –responde Carlos.

> *Pobre* ist ein Adjektiv, das dem Substantiv voran- oder nachgestellt werden kann. Beachte die Bedeutungsunterschiede:
> *la pobre chica* – das arme/bemitleidenswerte Mädchen
> *la chica pobre* – das arme/mittellose Mädchen.

–Hace poco Martina hizo una entrevista para una revista científica, ¿qué te parece?
–Me parece genial. Es un trabajo que hemos hecho los dos con mucho **esfuerzo**, pero más ella que yo. Estoy muy contento con la publicación en la revista, es buena publicidad para el Centro.
–¿Y no estás molesto por no haber estado presente durante la entrevista?
–Bueno, al principio me molestó un poco, lo confieso, pero después cambié de idea. Ella no pudo hacerlo de otra manera, pues yo estuve **ausente** durante esos días.
–Claro –responde Bea–. ¿Y ayer? ¿Dónde estuviste a mediodía?
–Estuve aquí, trabajando y luego fui a comer, como siempre –responde Carlos con naturalidad.
–¿Y tienes alguna idea de quién ha podido hacerle algo así a Martina?
Carlos se queda un poco pensativo.
–La verdad es que no. Hasta ahora no hemos tenido ningún problema en el Centro. No me imagino quién ha podido ser.
–Gracias, Carlos, por el momento es todo.

Ahora García y Bea buscan a David. Está trabajando en el jardín.

Ejercicio 28: La oveja negra. Welches Wort ist das „schwarze Schaf"? Unterstreichen Sie!

1. acabar   terminar   empezar
2. pregunta   respuesta   contestación
3. decir   pensar   creer
4. trabajar   irse de vacaciones   estudiar

–¿David?

–Buenas –responde David dejando la herramienta.

–No sé si sabes lo que ha pasado en el laboratorio –dice el comisario, señalando hacia dentro del edificio.

–Sí, aquí uno se entera de todo, sobre todo porque estoy trabajando en varios sitios...

–¿Ah, sí? ¿Y tienes acceso a todos los sitios del Centro?

–Sí, claro, aquí tengo las llaves.

–¿Cómo es normalmente tu día de trabajo?

esfuerzo *m*	Mühe
ausente	abwesend
acceso *m*	Zugang
llaves *f pl*	Schlüssel

–Pues normalmente empiezo limpiando dentro, la planta baja, todas las oficinas y laboratorios. Cuando termino voy a las plantas de arriba. A media mañana suelo salir fuera y trabajo aquí en el jardín. Y a las tres acabo mi jornada de trabajo. Pero todo depende. Hoy, por ejemplo, hay un problema con el agua caliente y estoy ahora ocupado con ello.

–¿Y ayer?

–Ayer por la mañana... Ah, sí, hubo varios problemas y no me dio tiempo a limpiar todo, así que después del mediodía volví a los laboratorios para limpiar.

–¿A qué hora?

–Más o menos sobre las dos y media.

–Y limpiaste también el laboratorio de Martina, ¿verdad?

–Sí, claro, como siempre.

–¿Te vio alguien? –pregunta Bea en tono serio.

–La verdad es que entre las dos y las tres casi todos los empleados hacen una pausa. Yo no vi a nadie, y no sé si alguien me vio a mí.

–¿Y cuándo acabaste? –insiste Bea.

–Como siempre, a las tres.

–¿Conoces bien a Martina? –pregunta el comisario.

–¿Cómo? ¿Que si la conozco bien? –pregunta David sorprendido.

–Sí.
–Pues sí, la conozco desde que trabajo aquí, hace ya algunos años.
–¿Y cómo es vuestra relación?
–Ahora somos amigos.
–¿Y antes?
–Estuvimos juntos un tiempo, pero no funcionó –dice David con la mirada triste.
García y Bea se miran el uno al otro.
–Está bien, muchas gracias.

| ocultar | verheimlichen |

–No tenemos muchos datos claros –dice Bea.
–Y demasiados sospechosos –afirma el comisario–. Alguien debe de ocultar algo.
–Tienes razón, vamos a ver qué se nos ocurre para aclarar este caso.

Ejercicio 29: ¿Verdadero o falso? Welche Antwort ist korrekt? Kreuzen Sie an!

1. David tiene acceso a todo el edificio. ❐
2. Carlos ha estado molesto con Martina. ❐
3. Carlos y Martina han tenido una relación de pareja. ❐
4. David limpia el laboratorio tras la muerte de las abejas. ❐
5. El despacho de Paco es para admirar. ❐

7. Tras las pistas

—Creo que es mejor si nos centramos en la procedencia de las amenazas —propone García.
—Muy bien, jefe, seguro que eso nos da alguna pista.
Bea y el comisario se dirigen al Centro de Investigación con un equipo informático.
—Con esta aplicación podemos ver en un mapa digital de dónde procede la llamada con una fiabilidad del noventa y nueve por ciento —explica el comisario a Martina.
—El teléfono tiene memoria —explica Martina—. Es esta llamada —dice señalando la pantalla del teléfono.
—Muy bien. Entonces, vamos a ver. El comisario teclea algunos datos en el ordenador y aparece un mapa señalando un punto verde.
—¡Es en Barcelona! —exclama Bea.
—Efectivamente.
—Acércate un poco más. Ahí, ahí, ¿qué es eso?
—A ver, un momento. Aquí en esta calle... hay una empresa que se llama "Robots Group".
—¿De robots? —pregunta Martina extrañada.
—Sí, eso parece. Voy a buscar la página web de la empresa... Aquí está, es una multinacional que se dedica a la fabricación de todo tipo de robots.
—Vamos a visitarlos —propone Bea.

pista *f*	*hier*: Spur
procedencia *f*	Herkunft
fiabilidad *f*	Zuverlässigkeit
memoria *f*	*hier*: Speicher
teclear	tippen

García saca su teléfono móvil para llamar.
–Buenos días, me llamo García, soy un periodista de "La voz de Cataluña" –miente el comisario–. El tema de los robots está ahora muy de moda, así que me gustaría hacer una entrevista al jefe de la sucursal de la empresa, ¿es posible?
–Buenos días. El jefe está muy ocupado, pero si usted viene por aquí a lo mejor tiene suerte y puede hablar con alguno de los directivos.
–Está bien, mañana estoy allí por la mañana. Gracias.
El comisario cuelga el teléfono.

–¿Qué piensas sobre la empresa de robots, Martina?
–No sé qué pensar, no le veo ningún sentido...
–Bueno, tenemos un uno por ciento de probabilidad de equivocarnos, mañana vamos a averiguarlo –dice el comisario.
–Sí, mientras podemos seguir con las investigaciones sobre los sospechosos –propone Bea.
–Perfecto, yo voy a seguir trabajando. Si me necesitáis, ya sabéis dónde estoy –comenta Martina.

Ejercicio 30: Participios. Wie lauten die Partizipien der folgenden unregelmäßigen Verben?

1. ver   _____
2. escribir   _____
3. volver   _____
4. morir   _____
5. hacer   _____

Bea y el comisario se dirigen al despacho de Carlos. Se aseguran de que este no está en el Centro. Registran por completo su lugar de trabajo en busca de alguna pista.

–Mira, jefe, se ha dejado el ordenador sin bloquear.

–¡Genial! Podemos entrar en sus archivos.

–Hay muchos documentos.

–No tenemos mucho tiempo. Entra en "**descargas**".

–Mira, ahí. Este es el billete de avión de sus vacaciones de Semana Santa, ¿puedes ampliarlo?

mentir *irr*	lügen
sucursal *f*	Niederlassung
directivo/-a *m/f*	Manager(in)
descarga *f*	Download
coartada *f*	Alibi

–Sí, ahí están las fechas. En el tiempo en el que se han producido las amenazas él ha estado en Estambul.

–Así es, pero, ¿ha podido llamar desde Turquía y desviar la llamada?

–Sí, en teoría sí, pero entonces no está solo en esto. Alguien tiene que haberle ayudado.

–Es verdad. También el papel con la amenaza en el coche de Martina ha tenido que ser de otra persona.

–En realidad, ha podido imprimir este billete y no haber volado. Es una **coartada** perfecta, ¿no crees? –pregunta el comisario.

Bea toma su teléfono y con una llamada al jefe de la policía de Barcelona consigue ponerse en contacto con el aeropuerto de El Prat.

–Buenos días, necesito saber si una persona ha tomado un avión con destino Estambul.

–¿Cuáles son el nombre y los apellidos de la persona?

–Carlos Jirón Rodríguez.

> Die Präpositionen *a* und *de* verschmelzen mit dem nachfolgenden maskulinen Artikel *el* zu *al* bzw. *del*, es sei denn, der Artikel gehört zu einem Eigennamen:
> *Es el mejor detective del mundo.*
> *Es el mejor periodista de El Mundo* (el periódico).

–Sí, aquí aparece en la base de datos. Le puedo confirmar que esta persona **embarcó** el día quince de abril en un avión con destino Estambul.
–Muchas gracias por la información.

Bea cuelga el teléfono.
–Creo que la sospecha sobre Carlos es cada vez menos creíble –comenta Bea a su jefe.
–Si Carlos está metido en esta historia, está claro que no está solo. Es demasiado **arriesgado** para él hacer todo esto con otra persona.
–¿Qué pasa con David?
El comisario se queda unos segundos pensativos.
–La venganza amorosa es una de las más practicadas.
–He visto que David deja sus cosas en una **taquilla** que nadie abre.
–Creo que hoy no está para abrirnosla…
Sin que[i] nadie los vea se dirigen los dos a la taquilla de David. Con una pequeña herramienta consiguen abrir la taquilla sin dejar rastro de que alguien la ha abierto. Allí ven ropa de trabajo, zapatos, papeles, periódicos deportivos, etc.
–¿Ves algo interesante? –pregunta Bea.
–No, sólo que le gusta el fútbol y comer en restaurantes italianos. Aquí hay una **pegatina** del Barça[i] y varios **vales de descuento** en pizzerías.
–Parece una persona bastante **corriente**.
–La verdad es que no me lo imagino poniéndole ácido bórico a las abejas. Es un asesinato

> Nach *sin que*, *antes (de) que* und *para que* werden die folgenden Verben im Modus Subjuntivo konjugiert:
> *Me voy **sin que** nadie me oiga.*
> *Quiero verte **antes de que** acabe la investigación.*

> Barça ist die katalanische Abkürzung für eine der beliebtesten Fußballmannschaften Spaniens: den F.C. Barcelona.

típico de un científico, no de una persona que se dedica a limpiar edificios y a cuidar jardines.

Aunque este chico tiene mucho que ver con productos de limpieza, líquidos desinfectantes...

—Bueno, no ha sido él. Por lo menos sabemos que Carlos estuvo seguro en Estambul en esos días —dice Bea buscando el lado positivo.

—Sí, y mañana vamos a averiguar más sobre esa llamada desde la empresa de robots.

embarcar	*hier*: an Bord gehen
arriesgado	riskant
taquilla *f*	*hier*: Schließfach
pegatina *f*	Aufkleber
vale *m* de descuento	Gutschein
corriente	*hier*: normal

—¿Qué te parece si ahora vamos a comer algo?
—Me parece una idea genial —contesta García sonriendo.

Ejercicio 31: Adjetivos. Ergänzen Sie die gegenteiligen Adjektive!

1. creíble _____
2. posible _____
3. contento _____
4. comprensible _____
5. interesado _____
6. capaz _____
7. agradable _____

Esa misma tarde Martina se da cuenta de que los últimos días han sido demasiado estresantes. Por una vez decide pensar en ella misma y siente que necesita un descanso. Así que va al despacho de su jefe para hablarlo con él. Ve la puerta medio abierta...
–¿Puedo pasar?
–Sí, claro, Martina, pasa. Siéntate, por favor.
Paco nota el cansancio y la desesperación en su cara.
–¿Cómo estás? –le pregunta, sintiéndose un poco estúpido.
–Bueno, no estoy muy bien –responde Martina, llevándose la mano a la frente.
–Ya me imagino.
–Sí, estos días han sido demasiado para mí. Mi investigación se ha ido al traste y la idea de que alguien quiere fastidiarme, no sé, es demasiado...
–Entiendo, Martina.
–Así que he pensado en tomarme unos días de descanso –dice Martina, con cierto miedo a la negativa de su jefe.

fastidiar a alguien	jmd. schaden
bañador *m*	Badeanzug
buen ánimo *m*	gute Laune
veraneo *m*	Sommerurlaub

Sentar bien/mal algo a alguien bedeutet, dass jmd. etw. guttun/schlecht bekommen wird. Diese Konstruktion ist nicht zu verwechseln mit dem reflexiven Verb *sentarse*, sich (hin)setzen.

–Claro, Martina, hazlo, te va a sentar bien.
–Ay, qué bien que estás de acuerdo.
–Claro, mujer, además, ¿cuándo fue la última vez que te tomaste unos días libres?
–La verdad, ni lo recuerdo.
–Así que con más razón, tómate algunos días libres.
–Sí, muchas gracias, Paco. Hasta pronto.
–De nada, mujer –dice Paco mientras Martina se va de su despacho.

Ejercicio 32: Errores. Lesen Sie weiter und finden sie die sechs Fehler im folgenden Absatz!

Martina se dirige directamente a su coche. Primero passa por casa para prepararlo todo. Allí rapidamente hace la maleta. Como el calor ya empieca a notarse no tiene que llevar muchas cosas. Ve el **bañador** en el armario y pensa que es un buen momento para ir a la playa. Incluso tiene las llaves de la casa de su tío. Es una casita de pueblo, sin lujos, pero muy cerca de una playa tranqila y solitaria. Es exactamente lo que nesesita.

1. _____
2. _____
3. _____
4. _____
5. _____
6. _____

Con **buen ánimo** se sube al coche y se dirige a la casa de su tío. Hace años que no va a allí. Es una casa en donde no vive nadie habitualmente, sino que es de **veraneo** para toda la familia. Como es entre semana, piensa que la casa va a estar vacía, así que no tiene que avisar a nadie de que va a estar ella allí.
"¿Pero a lo mejor es necesario avisar al comiario García?" –se pregunta. "No, no pasa nada, son solo unos días… Y siempre llevo el móvil conmigo…"

Ejercicio 33: Crucigrama. Lösen Sie das Kreuzworträtsel!

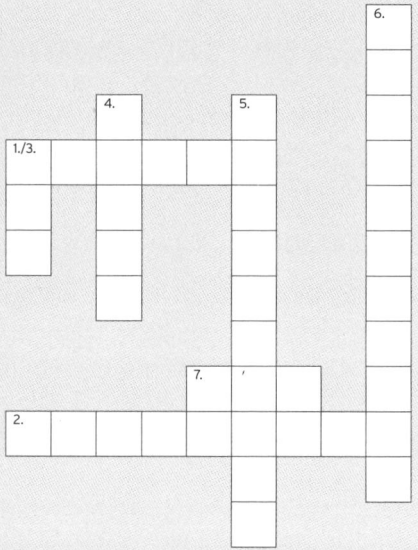

Horizontales:

1. Objeto que sirve para transportar cosas cuando haces un viaje
2. Relajarse
7. Estrella que da luz a nuestro planeta

Verticales:

3. Gran cantidad de agua salada
4. Está llena de arena y muy cerca del mar
5. Descanso temporal de estudiar o trabajar
6. En este tiempo te dedicas a tus hobbies (dos palabras)

Tras dos horas de viaje llega a la casita. Alrededor hay otras casas, pero no suele haber nadie. Abre la puerta. Efectivamente no ha habido nadie allí en los últimos meses, pero la casa está en buen estado y hay algo de comida todavía. Antes de cocinar decide ir a **darse un baño** en el mar.

> Die Verbalperiphrase *soler* + *Infinitv* drückt eine Gewohnheit aus:
> El comisario *suele preguntar* muchas cosas a los sospechosos. – Für gewöhnlich befragt der Kommissar die Verdächtigen zu vielerlei Sachen.

El agua tiene una temperatura perfecta y regresa del baño muy relajada. Cuando está llegando a la casa, se da cuenta de que en la casa hay una ventana abierta. Piensa si ha sido ella quien la ha dejado abierta. Está segura de que no. De repente tiene miedo. Piensa en dónde ha puesto las llaves del coche. Están dentro de la casa, en la cocina. Pero el coche está abierto. Abre el **maletero**, sin dudarlo coge una **llave inglesa** de las herramientas y se dirige a la puerta de la casa. Con cuidado abre la puerta. No ve a nadie. Ve la ventana abierta y la **cortina** moviéndose por el viento. Tiene la sensación de que hay alguien en la casa. Mira hacia todos los lados. Le parece ver una sombra moviéndose

darse *irr* un baño	baden gehen
maletero *m*	Kofferraum
llave *f* inglesa	Schraubenschlüssel
cortina *f*	Vorhang
arrancar	starten
retrovisor *m*	Rückspiegel

muy rápido. Efectivamente hay alguien en la casa. Rápidamente coge las llaves del coche y se monta en él. **Arranca** lo más rápido que puede y se va de allí. El móvil. Quiere llamar por teléfono, pero se da cuenta de que se ha dejado el móvil en la casa de su tío.
–¡Mierda! –dice en voz alta.
Mira por el espejo **retrovisor**. Un coche se acerca cada vez más a ella.

De repente siente un golpe muy fuerte. Martina **acelera**. El coche adelanta al de Martina. Una persona **encapuchada** la mira un momento. Siente otro golpe, ahora del lado izquierdo. Martina intenta no perder el control del coche.

| acelerar | beschleunigen |
| encapuchado | vermummt |

El coche la adelanta por completo. Por fin, Martina ve cómo se aleja.

Ejercicio 34: Comprensión. Beantworten Sie die folgenden Fragen zum Text!

1. ¿De dónde viene la llamada de la amenaza a Martina?
   _____

2. ¿Qué descubren el comisario y Bea sobre Carlos?
   _____
   _____

3. ¿Qué le pide Martina a su jefe?
   _____

4. ¿Qué le pasa a Martina en sus vacaciones?
   _____
   _____

8 El increíble mundo de los robots

Martina regresa esa misma noche a su casa de Barcelona. El móvil no lo tiene, pero por suerte todavía guarda la tarjeta con el teléfono del comisario y Bea.

romper *irr* a llorar	in Tränen ausbrechen
tartamudear	stottern
matrícula *f*	*hier*: Autokennzeichen

–Buenas noches, comisario –dice Martina con un hilo de voz.
–¿Martina? –se sorprende García–. ¿Qué ocurre? ¿Estás bien?
Martina **rompe a llorar** y le cuenta todo lo ocurrido a García. Está nerviosa y **tartamudea** de miedo, García es todo un profesional, y sabe que la situación es peor que nunca. Alguien quiere eliminar a Martina y ni Bea ni él saben todavía quién es.
–¡Dios mío! ¿Y seguro que estás bien? –pregunta García.
–Sí, físicamente estoy bien.
–¿Has podido ver quién estaba en el coche?
–Una persona encapuchada. No he podido ver nada más. Pero cuando me ha adelantado y se ha ido, he podido ver la **matrícula** del coche.
–¿Te acuerdas del número?

> Bis zum Jahr 2000 konnte man noch anhand des ersten Buchstabens auf dem spanischen Kfz-Kennzeichen ablesen, in welcher Provinz ein Auto zugelassen wurde. Seit dem Jahr 2001 ist es mit nur vier Ziffern und drei Buchstaben bedruckt. Wo das Fahrzeug herstammt, ist nicht mehr ersichtlich. Dafür kann man anhand der Nummer das Alter abschätzen: je kleiner sie ist, desto älter ist das Auto.

–No del número entero, pero sí sé que tenía matrícula de Barcelona y el número acaba en treinta y dos. Y el coche es de color verde oscuro.
–Bueno, está bien. ¿Estás en casa ahora?
–Sí, estoy en casa, de momento todo bien.
–Llámame si pasa cualquier cosa.
–De acuerdo. Adiós, buenas noches.

Al día siguiente Bea y el comisario se dirigen a la empresa "Robots Group".

Ejercicio 35: ¿Verdadero o falso? Welcher Satz ist korrekt? Kreuzen Sie an!

1. ☐ a) Ahora estoy a casa.
   ☐ b) Ahora estoy en casa.

2. ☐ a) Te han llamado por teléfono.
   ☐ b) Te han llamado del teléfono.

3. ☐ a) Ya me acuerdo a ti.
   ☐ b) Ya me acuerdo de ti.

4. ☐ a) Quiero hacer una entrevista a un famoso.
   ☐ b) Quiero hacer una entrevista un famoso.

5. ☐ a) Hoy voy en la playa porque es buen tiempo.
   ☐ b) Hoy voy a la playa porque hace buen tiempo.

–Buenos días.

–Buenos días, ¿en qué puedo ayudarles?

–Somos del periódico "La voz de Cataluña", llamamos hace poco por teléfono, queremos hacer una entrevista sobre los robots.

–Ah, sí, ya me acuerdo –la recepcionista **hojea** la agenda–. Esperen un momento, ahora mismo vuelvo.

hojear	blättern
hábilmente	geschickt
suerte *f*	Glück
pasillo *m*	Gang

En cuando la chica se levanta y desaparece, el comisario se acerca **hábilmente** a la agenda de la chica. Busca el día de la muerte de las abejas, por la tarde, a las tres, y consigue leer algo: "Reunión con Martínez".

–Déjalo, que ya viene –le dice Bea, nerviosa, al comisario.

–Miren, han tenido **suerte** –dice la recepcionista sonriendo.

–¿Ah, sí?

–Sí, ahora mismo pueden hacer una entrevista al director de la empresa. Pero no puede durar mucho, después tiene una reunión.

–No se preocupe, no va a durar mucho.

–Tienen que seguir el **pasillo**.

Esta empresa es una de las más modernas en las que han estado los dos policías. Por todos los lados hay pantallas 3D, fuentes coordinadas con música, pequeñas muestras de robots...

En la tercera puerta a la derecha está escrito el nombre del director: D. Álvaro de Vilarnau

–Aquí es –dicen Bea y García a la vez.

> **D. = Don, Dña. = Doña** bzw. **Sr. = Señor, Sra. = Señora** sind traditionelle Höflichkeitsformen. Normalerweise benutzt man Don/Doña mit dem Vornamen oder dem Vor- und Nachnamen: **Don Pedro, Don Pedro Sánchez García.**
> Auf Señor/Señora folgt nur der Nachname: **Señor Sánchez García.** Auf Ämtern bezeichnen die **señores diputados** die Herren Abgeordneten.

–Pasen, pasen –les saluda el director abriendo la puerta.
–Buenos días.
–Ustedes deben de ser[i] los periodistas de... ¿Cómo se llama el periódico?
–"La voz de Cataluña".
–Eso es.
–Sí, queríamos hacerle una entrevista porque los robots cada vez están más de moda...
–Así es. Genial, podemos empezar ahora mismo.

> Die Konstruktion *deber + de + Infinitiv* wird benutzt, um eine Vermutung auszudrücken: *Usted debe de ser el periodista.* – Sie müssen (dann wohl) der Journalist sein.

–Aunque los robots ya están en nuestras vidas desde hace tiempo, cada vez es más habitual su uso en **tareas** de la vida diaria, ¿cómo nos podemos imaginar el día a día en nuestro futuro?
–Efectivamente, los robots son nuestra gran ayuda. En cualquier casa pueden desarrollar diferentes actividades que nos permiten hacer nuestra vida más fácil. Desde limpiar hasta ordenar papeles o llevar las **facturas** del hogar.
–¿En qué otros **ámbitos** van a tener un papel importante?
–Bueno, en ámbitos que hasta ahora no se han pensado. Por ejemplo, en la agricultura pueden llegar a ser una gran ayuda.
–¿A qué se refiere exactamente?

tarea *f*	Aufgabe
factura *f*	Rechnung
ámbito *m*	Bereich
plantearse	etw. (so) betrachten

–Bueno, aún son temas que se están investigando, pero ya sabe que están muriendo muchas abejas y ahí los robots pueden ser ayudarnos mucho.
–La verdad es que no **me** lo **había planteado** así, ¿qué tienen que ver los robots con las abejas?
–Como le digo, el mundo de los robots es infinito. Ahora estamos trabajando en proyectos de carácter internacional para realizar mi-

crorobots que son capaces de ayudar a las abejas a hacer su trabajo de polinización.

–Ah, ahora entiendo. ¿No podría esto ser un peligro para el mundo de las abejas?

Ejercicio 36: Sintaxis. Bringen Sie die Wörter in die richtige Reihenfolge!

1. nos | en | los | nuestra | pueden | vida | robots | mucho | ayudar

_____
_____

2. abejas | son | no | peligro | para | un | las

¿_____

_____?

3. vez | cada | más | mueren | abejas

_____
_____

4. empresa | la | es | de | robots | importante | muy

_____
_____

–No, **evidentemente** no, pues nuestro objetivo es ayudar a las abejas, ya que cada vez hay menos –dice Álvaro un poco irritado.
–¿Están trabajando con algún centro especializado en abejas?
–Sí, claro, aquí en Barcelona hay uno bastante importante. Necesitamos trabajar con ellos, pues son la base para nuestras investigaciones. Sin ir más lejos, la semana pasada tuvimos una reunión con uno de los representantes de este Centro.
–Interesante. Si me permite la pregunta, ¿quién es su contacto de ese Centro?
–Lo siento, nuestros planes son todavía confidenciales. Si vuelven en un par de semanas, a lo mejor les puedo contar más detalles.
–Entiendo. Creo que con esto podemos acabar la entrevista.
–Muchas gracias.

evidentemente	natürlich
susurrar	flüstern
desconectar	ausschalten
orden *f* **de registro**	Durchsuchungsbefehl
bollo *m*	*hier:* Beule

Bea y el comisario se van a su despacho. Allí pueden comprobar que el apellido de Paco es Martínez.
–Seguramente es la persona de la que ha hablado el director de "Robots Group", aunque Martínez es un apellido muy común –dice Bea.
–Así que Paco estuvo allí la semana pasada, pero antes asesinó a las abejas... Ahora es el principal sospechoso.
–¿Crees que es el mismo que ha querido provocar el accidente de coche a Martina?
–Puede ser. Tenemos que comprobarlo.

En la base de datos del Registro de Barcelona averiguan la dirección de Paco y rápidamente se dirigen hacia allá. Bea llama al timbre. Nadie les abre.
–Parece que está muy tranquilo, pero seguro que la casa tiene alarma.

—Tenemos que entrar y revisar el garaje, si no, no podemos averiguar si el coche es el mismo que ha intentado matar a Martina.
—García –susurra Bea–, ven. En el garaje hay una ventana semiabierta, seguro que puedo pasar por allí.
—Espera, antes de entrar, tenemos que comprobar que podemos desconectar la alarma. No tenemos orden de registro de la casa.

Ejercicio 37: Formas del verbo. Lesen Sie weiter und unterstreichen Sie alle Verbformen!

Rompen la ventana haciendo el menor ruido posible. Ahora pueden observar dónde están las alarmas. Las desconectan todas, una por una. Finalmente Bea entra con cuidado en el garaje. La casa es enorme, tiene todo tipo de lujos. No tienen mucho tiempo, pues en cualquier momento puede entrar alguien.

—Vamos a empezar por el coche.
—Mejor dicho por los coches –añade Bea, viendo tres coches delante de ella–. ¿De dónde saca tanto dinero este tipo?
—Mira, matrícula de Barcelona y acabado en treinta y dos.
Toman una fotografía del coche. Se ve que tiene bollos en la parte derecha y delantera.
—Efectivamente ha sido Paco el que ha intentado matar a Bea, pero, ¿por qué? –se pregunta el comisario en voz alta.
—Vamos a la parte de arriba.
Después de un salón enorme encuentran un despacho.

—Este debe de ser el despacho de Paco.

Abren uno de los cajones y ven un papel escrito a mano. Bea saca el papel con la amenaza que Martina ha visto en su coche.

—¡Parece la misma letra!

—Sí, pero toma el papel, esto lo va a analizar un **juez**.

Encima de una mesa hay un **portátil**. Lo abren.

—¡Mierda! Tiene **contraseña**.

—Prueba a escribir alguna.

—Déjame pensar… Abejas, miel, polinización…

—Nada, ninguna sirve.

—Voy a hacer una llamada.

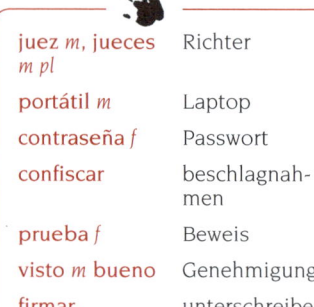

juez *m*, **jueces** *m pl*	Richter
portátil *m*	Laptop
contraseña *f*	Passwort
confiscar	beschlagnahmen
prueba *f*	Beweis
visto *m* **bueno**	Genehmigung
firmar	unterschreiben

—Necesitamos autorización para **confiscar** un ordenador. Tenemos **pruebas** de que la persona ha intentado matar a una de sus trabajadoras –dice el comisario por teléfono.

Tras unos segundos de espera, recibe el **visto bueno**.

—Nos llevamos el ordenador. Conozco un hacker[i] que va a averiguar la contraseña.

—Genial, jefe, vámonos.

> Die Wörter, die aus einer fremden Sprache kommen und mit *h* anfangen, werden an die spanische Aussprache angepasst. Anstelle eines behauchten *h* wird es stärker artikuliert, etwa wie das spanische *j*: *hockey, happy* usw.

En el despacho, ya con el ordenador desbloqueado siguen con la investigación.

—Aquí hay un montón de facturas con cantidades enormes que **firma** la empresa "Robots Group".

—Y aquí están todos los emails que se han intercambiado Álvaro y Paco.

> **Ejercicio 38: La palabra escondida.** Übersetzen Sie und enträtseln Sie das Lösungswort!
>
> 1. vorbereitet   _ _ ☐ _ _ _ _ _ _ _
> 2. herausfinden   _ _ _ _ _ _ ☐ _ _ _
> 3. Mörder   _ _ ☐ _ _ _ _
> 4. Bedrohung   _ ☐ _ _ _ _ _ _
> 5. Geld   _ _ _ ☐ _ _
> 6. Alibi   _ _ _ _ ☐ _ _ _
>
> Lösung: ☐☐☐☐☐☐

—Mira, lee esto: "No está siendo fácil acabar con las investigaciones de las **dichosas** abejas".
—Y responde: "Bueno, la **recompensa** va a ser muy alta, tómate tu tiempo".
—Y aquí, mira, el día de la muerte de las abejas: "Lo tengo todo preparado. Hoy va a ser el día".
—Vaya, Paco ha estado recibiendo un montón de dinero a cambio de acabar con la investigación de Martina.
—Sí, parece que la empresa "Robots Group" quiere obtener la patente de microrobots que pueden sustituir a las abejas.
—Por eso cuantas más abejas mueren, más dinero ganan.
—Increíble.
—Pero cierto. Vamos a informar a Martina de todo esto.

> ⚡ dichoso — verdammt
> recompensa *f* — Belohnung

Cuando Martina llega al despacho, ya está en marcha la orden de **detención** de Paco por intento de asesinato, **fraude** y **malversación de fondos**. Asimismo, se ha detenido de manera preventiva a Álvaro de Vilarnau por **cohecho** y **competencia desleal**.

El comisario y Bea explican todo a Martina.

—Es simplemente increíble. ¿Por qué Paco no me ha despedido? ¿Por qué ha querido matarme?

—No ha querido matarte, Martina, sólo lo ha hecho para asustarte —explica Bea—. Tú conoces a las abejas mejor que nadie, por eso te necesita, para seguir mejorando los microrobots y así continuar ganando mucho dinero junto a Vilarnau. Además, está claro que quiere alejarte de los medios de comunicación, de esta manera puede cerrar sus **negociaciones** con tranquilidad.

detención *f*	Verhaftung
fraude *m*	Betrug
malversación *f* de fondos	Veruntreuung von Geldern
cohecho *m*	Korruption
competencia *f* desleal	unlauterer Wettbewerb
negociación *f*	Verhandlung

Ejercicio 39: ¿Verdadero o falso? Welche Aussagen sind korrekt? Kreuzen Sie an!

1. Martina puede recordar toda la matrícula. ❐
2. Bea y García hacen una entrevista al director de la empresa de robots. ❐
3. El contacto de Álvaro es Paco. ❐
4. Martina decide cambiar de país. ❐

–¿Pero qué va a pasar con mi trabajo?
–Seguramente el Centro de Investigación de abejas va a cerrar. Pero sigues siendo una gran investigadora, eso no va a cambiar. Seguro que vas a encontrar un buen sitio en el que trabajar.
–¿Y si otra vez me pasa lo mismo? ¿Y si la investigación está en todos los sitios tan manipulada como aquí?
–Tómate tu tiempo, de momento lo mejor es que te tomes unas vacaciones.
–Quizá en Granada... –dice Martina, recordando la noche con Julio. Ahora sí tiene mucho tiempo...

Test final

Soluciones

Glosario

Tabla de ejercicios

Test final

Ejercicio 1: Ordenar. Bringen Sie die Buchstaben in die richtige Reihenfolge!

1. crgriaultau   _____
2. nveeeanrn   _____
3. sanseoait   _____
4. zvgenana   _____
5. cñranstaeo   _____

Ejercicio 2: El plural. Bilden Sie die richtige Pluralform!

1. el juez justo   _____
2. la voz alegre   _____
3. el mapa inteligente   _____
4. la información confidencial _____
5. la revista científica   _____

Ejercicio 3: Sopa de letras. In diesem Gitternetz sind sieben Wörter aus der Welt der Bienen versteckt. Welche sind es? Schreiben Sie auf!

R	S	A	G	U	I	J	Ó	N
O	Z	B	T	P	Q	U	E	C
L	Á	E	I	O	M	L	R	A
D	N	J	R	E	I	N	A	L
T	G	A	S	G	E	F	G	E
O	A	P	L	F	L	O	R	S
F	N	H	T	I	U	H	O	I
C	O	L	M	E	N	A	V	P

_____

_____

Ejercicio 4: Definiciones. Ordnen Sie den Wörtern die jeweils passende Definition zu!

1. ☐ móvil   a) palabra o frase con un contenido positivo

2. ☐ piropo   b) objeto que sirve para guardar y llevar cosas

3. ☐ revista   c) publicación periódica sobre diferentes temas

4. ☐ bolso   d) objeto que sirve para hacer llamadas, mandar mensajes, etc.

Ejercicio 5: Gramática. Unterstreichen Sie die richtige Variante!

1. El comisario tiene muy / muchas preguntas.
2. ¿Dónde es / está la carretera a Barcelona?
3. Bea y el comisario dan las gracias para / por su colaboración.
4. ¿Cuándo empezamos / empiezamos la investigación?
5. La semana pasada vi / veo a Carlos en el laboratorio.
6. Martina es / está muy simpática.
7. Julia conoce - / a todos los que trabajan en el Centro.

Ejercicio 6: ¿Verdadero o falso? Welche Aussagen sind korrekt? Kreuzen Sie an!

1. David y Martina tienen una relación de pareja. ❏
2. Carlos se ha ido a Valencia en Semana Santa. ❏
3. Paco quiere acabar con la investigación de Martina. ❏
4. El comisario y Bea entran en la casa del jefe de Martina. ❏
5. Paco nunca ha recibido dinero de la empresa de robots. ❏
6. "Robots Group" está en la misma ciudad que el Centro de Investigación. ❏

Ejercicio 7: Sintaxis. Bringen Sie die Wörter in die richtige Reihenfolge!

1. gusta / al / mucho / comisario / García / comer / le

   _____

2. conoce / Martina / y / por / casualidad / a / Bea / al / comisario

   _____
   _____

3. es / el / de / abejas / asesino / quién / las

   ¿_____?

4. años / en / el / Martina / desde hace / trabaja / muchos / Centro de Investigación

   _____
   _____

5. Paco / ganar / interesada / es / una / dinero / en / persona

   _____

Ejercicio 8: La oveja negra. Welches Wort ist das „schwarze Schaf"? Unterstreichen Sie!

1. colgar   llamada   telescopio   descolgar
2. dolido   cansado   alegre   enfadado
3. carretera   tráfico   playa   coche
4. jardín   garaje   terraza   cocina

Ejercicio 9: ¿Verdadero o falso? Welche Sätze sind grammatikalisch falsch? Kreuzen Sie an und korrigieren Sie!

1. A Martina le gusta muy su trabajo. ❏

_____

2. No me acuerdo de tu nombre. ❏

_____

3. Bea ha soñado de las abejas. ❏

_____

4. Alguien ha llamado del teléfono. ❏

_____

5. El comisario piensa siempre a comer. ❏

_____

Ejercicio 10: Parejas. Welche der folgenden Satzteile gehören zusammen? Ordnen Sie zu!

1. ☐ ¿Me puedes hacer
2. ☐ A Carlos le gusta cambiar
3. ☐ A David le da vergüenza
4. ☐ Martina no quiere hacer
5. ☐ El comisario se da cuenta
6. ☐ La butifarra es
7. ☐ A Bea le duele

a) hablar con Martina.
b) un favor?
c) daño a Carlos.
d) del peligro.
e) de aires.
f) el dedo.
e) un plato catalán.

Ejercicio 11: La palabra escondida. Übersetzen Sie und enträtseln Sie das Lösungswort!

1. Erfolg _ _ _ _ ☐
2. Verdacht ☐ _ _ _ _ _ _ _ _
3. Spur _ _ ☐ _ _ _
4. Rache _ _ ☐ _ _ _ _ _
5. Selbstmord _ _ _ _ ☐ _ _ _
6. Biene ☐ _ _ _ _
7. Tod _ _ ☐ _ _ _

Lösung: ☐☐☐☐☐☐☐

Ejercicio 12: Comprensión. Beantworten Sie die Fragen zum Text!

1. ¿Cómo conoce Martina al comisario y a Bea?

   _____
   _____
   _____

2. ¿Qué le ocurre a Martina cuando va a la playa?

   _____
   _____
   _____

3. ¿Quiénes son los posibles sospechosos de la muerte de las abejas? ¿Por qué son sospechosos?

   _____
   _____
   _____

4. ¿Cómo encuentran el comisario y Bea al asesino?

   _____
   _____
   _____

Ejercicio 13: Completar. Füllen Sie die Lücken mit den richtigen Übersetzungen!

Paco tiene relación con una importante [1. Unternehmen] _____ de robots y recibe dinero de esta a cambio de [2. stoppen] _____ la investigación de Martina, ya que en esta se muestra que algunos pesticidas nuevos son la [3. Ursache] _____ de la muerte masiva de las abejas y que estas muertes se pueden [4. verhindern] _____. La empresa de robots quiere [5. herstellen] _____ minirobots que hacen el trabajo de las abejas, [6. deshalb] _____ le interesa que muchas abejas mueran.

Ejercicio 14: Preposiciones. Unterstreichen Sie die richtige Präposition!

1. Me gusta viajar [en] / [a] tren.
2. Vamos [a] / [en] Barcelona.
3. Gracias [por] / [para] vuestra ayuda.
4. He hablado [con] / [a] la policía.
5. Tengo que hacer este informe [por] / [para] el viernes.

Ejercicio 15: Caracol de palabras. Welche Wörter sind gesucht? Tragen Sie sie in die Wortspirale ein!

1	2	3	4	5	6
20	21	22	23	24	7
19	32	33	34	25	8
18	31	36	35	26	9
17	30	29	28	27	10
16	15	14	13	12	11

1-9: Mord

9-12: Geruch

12-15: lachen

15-23: plötzlich

23-29: verheimlichen

29-32: seltsam

32-36: hoffentlich

Soluciones

Ejercicio 1: 1. los balcones 2. las estaciones 3. los días 4. las flores 5. las razones

Ejercicio 2: 1. reina 2. crean 3. los (machos) 4. invierno 5. juntas

Ejercicio 3: 1. investigación 2. abejas 3. vacaciones 4. primavera

Ejercicio 4: 1. despacho 2. hermana 3. café 4. laboratorio

Ejercicio 5: 1. negativo 2. fácil 3. después 4. mucho

Ejercicio 6: 1. va 2. tiene 3. Escribe 4. es 5. Recoge 6. ve

Ejercicio 7: 1. b 2. d 3. a 4. c

Ejercicio 8: 1. c 2. b 3. a 4. d

Ejercicio 9: 1. investigación 2. laboratorio 3. pesticida 4. jefe 5. despacho 6. sorpresa

Lösung: abejas

Ejercicio 10: 1. la tristeza 2. el problema 3. el hambre 4. la mañana 5. el camino

Ejercicio 11: 1. Termino la investigación que me lleva tanto tiempo. 2. A veces viene una periodista de una revista. 3. Me hacen una entrevista sobre el trabajo que hacemos. 4. No puedo decírtelo antes. 5. Es algo urgente.

Ejercicio 12: 1. falso (Bea va sólo una vez al hospital.) 2. verdadero 3. falso (Carlos está molesto tras la noticia.) 4. falso (Martina recibe una llamada amenazadora.) 5. verdadero

Ejercicio 13: 1. trabajo 2. abeja 3. pruebas 4. elemento 5. explicaciones

Ejercicio 14: 1-5: broma 5-9: ayuda 9-13: antes 13-20: solución 20-24: nuevo 24-31: observar 31-36: región

Ejercicio 15: 1. el bolígrafo 2. la bicicleta 3. la televisión 4. la universidad 5. el colegio 6. la fotografía

Ejercicio 16: 1. de 2. en 3. En 4. a 5. con 6. a

Ejercicio 17:

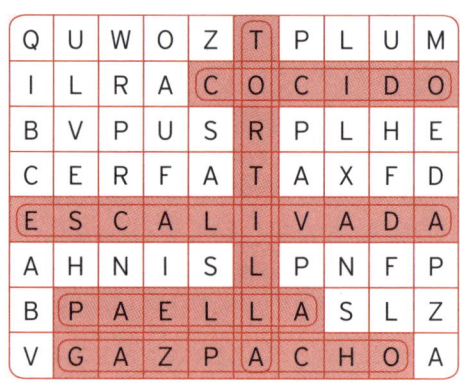

Ejercicio 18: 1. muchísimo 2. carísimo 3. guapísima 4. inteligentísimo 5. dificilísimo 6. facilísimo

Ejercicio 19: 1. Sabe que Paco no ha leído todavía su último trabajo y por lo tanto no puede publicarlo aún.
2. Va a su despacho porque ha analizado la muestra con la abeja que ellos le han dado.
3. Martina come con el comisario García y Bea.
4. Ve que las abejas que ha utilizado para su última investigación están muertas.
5. Martina suelta un grito, llama a la recepcionista para saber si sabe algo y después llama por teléfono al comisario y a Bea.

Ejercicio 20: 1. Es 2. son 3. están 4. es 5. están 6. Es

Ejercicio 21: 1. envenenar, envenenado 2. reunir, reunido 3. limpiar, limpiado 4. descubrir, descubierto 5. analizar, analizado

Ejercicio 22: 1. c 2. d 3. a 4. b

Ejercicio 23: 1. verdadero 2. falso (Alguien ha matado a las abejas.) 3. falso (Julia sí ha comido en el restaurante "El diamante".) 4. verdadero 5. verdadero

Ejercicio 24: 1. amenaza 2. compañero 3. vigilar 4. policía 5. relación 6. semana

Lösung: veneno

Ejercicio 25: 1. Hay poca gente trabajando. 2. ¿Has dormido bien? 3. He dormido mucho. 4. La pausa que hace al mediodía es larga. 5. Es muy caótico.

Ejercicio 26: 1. van 2. se quedan 3. dice 4. responden 5. estás 6. siento 7. puede

Ejercicio 27:

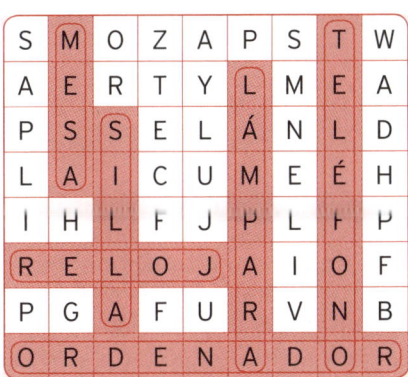

Ejercicio 28: 1. empezar 2. pregunta 3. decir 4. irse de vacaciones

Ejercicio 29: 1. verdadero 2. verdadero 3. falso (David y Martina han tenido una relación de pareja.) 4. verdadero 5. verdadero

Ejercicio 30: 1. visto 2. escrito 3. vuelto 4. muerto 5. hecho

Ejercicio 31: 1. increíble 2. imposible 3. descontento 4. incomprensible 5. desinteresado 6. incapaz 7. desagradable

Ejercicio 32: **1.** pasa **2.** rápidamente **3.** empieza **4.** piensa **5.** tranquila **6.** necesita

Ejercicio 33:

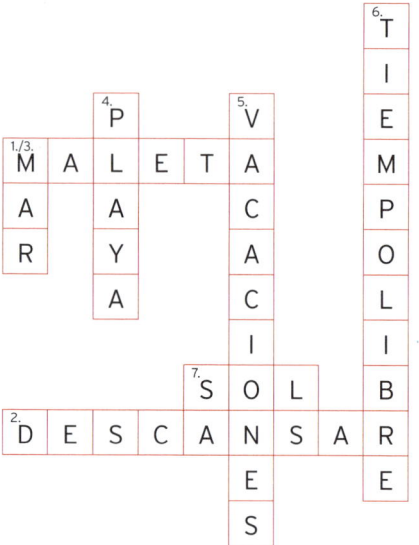

Ejercicio 34: **1.** Viene de una multinacional que fabrica robots. **2.** Descubren que Carlos realmente se ha ido de vacaciones a Estambul. **3.** Le pide unos días de vacaciones. **4.** En sus vacaciones alguien intenta matarla con el coche.

Ejercicio 35: **1.** b **2.** a **3.** b **4.** a **5.** b

Ejercicio 36: **1.** Los robots nos pueden ayudar mucho en nuestra vida. **2.** ¿No son un peligro para las abejas? **3.** Cada vez mueren más abejas. **4.** La empresa de robots es muy importante.

Ejercicio 37: rompen, haciendo, pueden, observar, están, desconectan, entra, es, tiene, tienen, puede, entrar

Ejercicio 38: **1.** preparado **2.** averiguar **3.** asesino **4.** amenaza **5.** dinero **6.** coartada

Lösung: muerte

Ejercicio 39: **1.** falso (Sólo recuerda que tenía matrícula de Barcelona y que el número acaba en treinta y dos.) **2.** verdadero **3.** verdadero **4.** falso (Decide hacer un viaje a Granada.)

Test final

Ejercicio 1: **1.** agricultura **2.** envenenar **3.** asesinato **4.** venganza **5.** contraseña

Ejercicio 2: **1.** los jueces justos **2.** las voces alegres **3.** los mapas inteligentes **4.** las informaciones confidenciales **5.** las revistas científicas

Ejercicio 3:

R	S	A	G	U	I	J	Ó	N
O	Z	B	T	P	Q	U	E	C
L	Á	E	I	O	M	L	R	A
D	N	J	R	E	I	N	A	L
T	G	A	S	G	E	F	G	E
O	A	P	L	F	L	O	R	S
F	N	H	T	I	U	H	O	I
C	O	L	M	E	N	A	V	P

Ejercicio 4: **1.** d **2.** a **3.** c **4.** b

Ejercicio 5: **1.** muchas **2.** está **3.** por **4.** empezamos **5.** vi **6.** es **7.** a

Ejercicio 6: **1.** falso (David y Martina han tenido una relación de pareja.) **2.** falso (Carlos se ha ido a Estambul en Semana Santa.) **3.** verdadero **4.** verdadero **5.** falso (Paco ha recibido mucho dinero de la empresa de robots.) **6.** verdadero

Ejercicio 7: **1.** Al comisario García le gusta mucho comer. **2.** Martina conoce al comisario y a Bea por casualidad. **3.** ¿Quién es el asesino de las abejas? **4.** Martina trabaja desde hace muchos años en el Centro de Investigación. **5.** Paco es una persona interesada en ganar dinero.

Ejercicio 8: **1.** telescopio **2.** cansado **3.** playa **4.** cocina

Ejercicio 9: 1. A Martina le gusta <u>mucho</u> su trabajo. 2. correcta 3. Bea ha soñado <u>con</u> las abejas. 4. Alguien ha llamado <u>por</u> teléfono. 5. El comisario piensa siempre <u>en</u> comer.

Ejercicio 10: 1. b 2. e 3. a 4. c 5. d 6. g 7. f

Ejercicio 11: 1. éxito 2. sospecha 3. pista 4. venganza 5. suicidio 6. abeja 7. muerte

Lösung: asesino

Ejercicio 12: 1. Bea y el comisario tienen un problema con las abejas en el balcón del despacho y por eso van al Centro de Investigación en busca de ayuda.
2. Alguien le sigue con el coche e intenta matarla en un accidente de tráfico.
3. Carlos y David. El comisario y Bea piensan que Carlos puede tener envidia de Martina por sus éxitos profesionales. David es sospechoso porque ha tenido una relación de pareja con Martina que no ha acabado bien.
4. Bea y García investigan las llamadas amenazadoras que vienen de una empresa de robots. Cuando van allí, ven el nombre de Paco en la agenda. Después de hablar con el director de la empresa comienzan a sospechar de Paco. Por eso investigan en su casa y se dan cuenta de que es el asesino.

Ejercicio 13: 1. empresa 2. parar 3. causa 4. evitar 5. fabricar 6. por eso

Ejercicio 14: 1. en 2. a 3. por 4. con 5. para

Ejercicio 15: 1-9: asesinato 9-12: olor 12-15: reír 15-23: repentino 23-29: ocultar 29-32: raro 32-36: ojalá

# Glosario

↯ = umgangssprachlich
f = feminin
m = maskulin
pl = Plural
irr = unregelmäßiges Verb

a largo plazo	langfristig
a última hora	spät abends
abeja *f*	Biene
acceso *m*	Zugang
acelerar	beschleunigen
ácido *m* **bórico**	Borsäure
acogedor	gemütlich
acompañante *m/f*	Begleiter(in)
aconsejar	raten
actitud *f*	(richtige) Einstellung
ADN *m*	DNS
afectar a	auswirken auf
agenda *f*	Terminkalender
agricultura *f*	Landwirtschaft
aguijón *m*	Stachel

alterado	aufgeregt
ámbito *m*	Bereich
amenazar	bedrohen
aparte de	abgesehen von
arco *m*	Bogen
arrancar	starten
arreglito *m*	*hier*: kleine Verbesserung
arriesgado	riskant
asegurar	versichern
asentir *irr*	nicken
asesinato *m*	Mord
asombro *m*	Staunen
asustarse	sich erschrecken
atentamente	aufmerksam
atreverse	sich trauen
aumentar	zunehmen
auricular *m*	Telefonhörer
ausente	abwesend
averiguar	herausfinden
bañador *m*	Badeanzug
bollito *m*	Gebäckstück
bollo *m*	*hier*: Beule
bolsa *f*	(Plastik-)Tüte
bolso *m*	Tasche
broma *f*	Scherz, Witz
broma *f* pesada	schlechter Scherz
buen ánimo *m*	gute Laune
buen gusto *m*	guter Geschmack

butifarra *f*	Art Bratwurst
cabizbajo	mit gesenktem Kopf
caja *f*	*hier*: Schachtel
cambiar de aires	etw. anderes machen
campo *m*	Feld, Acker
cansancio *m*	Müdigkeit
capaz	fähig
carpeta *f*	Mappe
carrera *f*	*hier*: Karriere
carretera *f*	Landstraße
casero	hausgemacht
cien por cien	hundertprozentig
cierto	*hier*: gewiss, bestimmt
clavar	stechen
coartada *f*	Alibi
cohecho *m*	Korruption
colaborar	mitarbeiten
colgar *irr*	auflegen (Telefon)
colmena *f*	Bienenstock
compañía *f*	Gesellschaft
competencia *f* desleal	unlauterer Wettbewerb
comprobar	überprüfen
con prisa	eilig
concertar una cita	einen Termin vereinbaren
confesar *irr*	gestehen
confidencial	vertraulich
confiscar	beschlagnahmen
conmocionado	erschüttert

conseguir *irr* algo	*hier*: etw. schaffen
contraseña *f*	Passwort
convencer	überzeugen
corriente	*hier*: normal
corroborar	bestätigen
cortina *f*	Vorhang
cruzar la(s) mirada(s)	Blicke austauschen
cuadrar con	passen zu
curiosidad *f*	Neugier
dañado	geschädigt
dar *irr* crédito	Glauben schenken
darse *irr* cuenta de	bemerken
darse *irr* un baño	baden gehen
darse *irr* vergüenza	sich schämen
⚡ de lujo	wunderbar
de por medio	zwischendurch
de repente	plötzlich
de sobra	reichlich
debilidad *f*	Schwäche
década *f*	Jahrzehnt
decepción *f*	Enttäuschung
decisión *f*	Entscheidung
dedo *m* índice	Zeigefinger
denso	*hier*: stockend
descarga *f*	Download
descolgar *irr*	abnehmen (Telefon)
desconcertado	verblüfft
desconectar	ausschalten

desear	wünschen
desgracia *f*	Unglück
desmesuradamente	übermäßig
despedirse *irr*	sich verabschieden
destino *m*	*hier*: Ziel
detención *f*	Verhaftung
devolver *irr*	zurückgeben
⚡ dichoso	verdammt
directivo/-a *m/f*	Manager(in)
disculparse	sich entschuldigen
diversión *f*	Spaß
divulgación *f*	Verbreitung, Bekanntmachung
dolido	verletzt
dudar	zweifeln
efectuar	*hier*: verüben
elegir *irr*	auswählen
embarcar	*hier*: an Bord gehen
en cualquier caso	auf jeden Fall
en el fondo	*hier*: im Innersten
enamorarse de	sich verlieben in
encanto *m*	*hier*: Charme
encapuchado	vermummt
enfadarse con alguien	jmd. böse sein
enfado *m*	Ärger
enfermedad *f*	Krankheit
enterarse de	etw. erfahren
entretener *irr*	*hier*: aufhalten
entrevista *f*	Interview

entusiasmado con	begeistert von
envenenamiento m	Vergiftung
envidia f	Neid
equivocarse	*hier*: sich verwählen
error m	Fehler
escalofrío m	Schauder
esfuerzo m	Mühe
esquina f	Ecke
estación f del año	Jahreszeit
estar *irr* relacionado con	zusammenhängen mit
estrecho	eng
estrellado	*hier*: sternenklar
evidentemente	natürlich
exagerado	übertrieben
excitado	*hier*: aufgeregt
éxito m	Erfolg
expectación f	Interesse
expulsar	vertreiben
factura f	Rechnung
fastidiar a alguien	jmd. schaden
fiabilidad f	Zuverlässigkeit
fiable	verlässlich
florecer *irr*	blühen
fraude m	Betrug
ganas f pl	Lust
gritar	schreien
guardar	aufbewahren
hábilmente	geschickt

habitual	geläufig
hacer *irr* daño a alguien	jmd. wehtun
hacer *irr* un favor a alguien	jmd. einen Gefallen tun
hacerse *irr* famoso	berühmt werden
herramienta *f*	Werkzeug
hincharse	anschwellen
hinchazón *f*	Schwellung
hojear	blättern
huellas *f pl* dactilares	Fingerabdrücke
ilusionado	*hier*: begeistert
imprimir	drucken
indefenso	harmlos, wehrlos
indicar	(an)zeigen
informe *m*	Bericht
instalación *f*	Anlage
intención *f*	Absicht
interrumpir	unterbrechen
investigación *f*	Forschung
involucrado	*hier*: engagiert
⚡ irse *irr* al traste	für die Katz' sein, scheitern
jornada *f* de trabajo	Arbeitstag
juez *m*, jueces *m pl*	Richter
listo	*hier*: fertig
llamada *f*	Anruf
llave *f* inglesa	Schraubenschlüssel
llaves *f pl*	Schlüssel
localizar	*hier*: erreichen
lomo *m*	Lende

luchar por	kämpfen um/für
mala suerte *f*	Pech
maletero *m*	Kofferraum
malversación *f* de fondos	Veruntreuung von Geldern
mantenimiento *m*	*hier*: Wartung, Reinigung
mapa *m*	Karte
matrícula *f*	*hier*: Autokennzeichen
mayor	*hier*: wichtigste(r,s)
médico *m* de urgencias	Notarzt
medio ambiente *m*	Umwelt
mejorar	verbessern
memoria *f*	*hier*: Speicher
mensaje *m*	*hier*: Nachricht (SMS)
mentir *irr*	lügen
merecerse *irr*	*hier*: sich verdienen
miel *f*	Honig
mirar a su alrededor	umherblicken
móvil *m*	Handy
muerto	tot
muestra *f*	Probe
negociación *f*	Verhandlung
ni siquiera	nicht einmal
notar	bemerken
novedoso	neuartig
observar	beobachten
obtener *irr*	bekommen
ocultar	verheimlichen
ocurrir	passieren, geschehen

olor *m*	Geruch, Duft
olvidar(se)	vergessen
orden *f* de registro	Durchsuchungsbefehl
paciencia *f*	Geduld
pantalla *f*	Bildschirm
parabrisas *m*	Windschutzscheibe
pareja *f*	Paar
pasar algo a alguien	*hier*: jmd. etw. geben, reichen
pasillo *m*	Gang
pegatina *f*	Aufkleber
pendiente	*hier*: unerledigt
permitido	erlaubt
pinchazo *m*	Stich
pinzas *f pl*	Pinzette
piropo *m*	Kompliment
piso *m*	*hier*: Stock, Etage
pista *f*	*hier*: Spur
plantearse	etw. (so) betrachten
polinización *f*	Bestäubung
poner *irr* (los) huevos	Eier legen
ponerse *irr* rojo	rot werden
por casualidad	zufällig
portátil *m*	Laptop
posponer *irr*	verschieben
preocupado	besorgt
presentimiento *m*	Vorahnung
procedencia *f*	Herkunft
profundamente	tief

proponer *irr*	vorschlagen
proteger	schützen
prueba *f*	Beweis
publicar	veröffentlichen
publicidad *f*	Werbung
quedarse	bleiben
quejarse	sich beklagen
quitar la vista	den Blick abwenden
recibir	empfangen
recompensa *f*	Belohnung
referirse *irr* a	sich beziehen auf
reflejar	widerspiegeln
reina *f*	Königin
reír *irr*	lachen
relación *f*	Beziehung
repentino	plötzlich
respirar	atmen
retrovisor *m*	Rückspiegel
reunión *f*	Besprechung
revisar	*hier*: überprüfen
revista *f*	Zeitschrift
revolotear	schwirren
risa *f*	Lachen
romper *irr* a llorar	in Tränen ausbrechen
ruido *m*	Geräusch
salir *irr* en la tele	ins Fernsehen kommen
seguir *irr*	folgen
Semana *f* Santa	Karwoche (Ostern)

sencillo	bescheiden
sensación *f*	*hier*: Gefühl
sentirse *irr*	sich fühlen
ser *m* vivo	Lebewesen
soltar *irr* un grito	aufschreien
sonrisa *f*	Lächeln
soñar con	träumen von
sorbo *m*	Schluck
sorprenderse de	sich wundern, staunen über
sospecha *f*	Verdacht
sospechoso/-a *m/f*	Verdächtige(r)
sucursal *f*	Niederlassung
suerte *f*	Glück
suspirar	seufzen
susto *m*	Schreck
susurrar	flüstern
taquilla *f*	*hier*: Schließfach
tarea *f*	Aufgabe
tarjeta *f*	*hier*: Visitenkarte
tartamudear	stottern
teclear	tippen
tener *irr* cuidado	aufpassen, vorsichtig sein
tener *irr* razón	recht haben
tenso	gespannt
ticket *m* de estacionamiento	Parkschein
tomar en serio	ernst nehmen
tortilla *f*	Kartoffelomelett

turno *m* **de mañana**	Frühschicht
↯ **un montón de**	eine Menge
uso *m*	Gebrauch
vacaciones *f pl*	Urlaub
vale *m* **de descuento**	Gutschein
válido	gültig, etw. wert sein
veneno *m*	Gift
venganza *f*	Rache
vengarse	sich rächen
veraneo *m*	Sommerurlaub
vigilar	*hier*: beobachten; überwachen
visto *m* **bueno**	Genehmigung
voz *f*, **voces** *f pl*	Stimme
zángano *m*	Drohne

Tabla de ejercicios

	Sujeto	Ejercicio	Página
1	Gramática	El plural	6
2	Gramática	Errores	8
3	Vocabulario	Ordenar	12
4	Vocabulario	La oveja negra	14
5	Vocabulario	Antónimos	18
6	Comprensión	Completar	21
7	Comprensión	Parejas	22
8	Comprensión	Diálogo	25
9	Vocabulario	La palabra escondida	26
10	Vocabulario	Sustantivos	28
11	Gramática	Tiempos verbales	30
12	Comprensión	¿Verdadero o falso?	32
13	Comprensión	Completar	35
14	Vocabulario	Caracol de palabras	36
15	Vocabulario	Palabras cortas	41
16	Gramática	Preposiciones	43
17	Vocabulario	Sopa de letras	44
18	Gramática	El superlativo	45
19	Comprensión	Comprensión	46
20	Gramática	¿Ser o estar?	49
21	Vocabulario	Transformar	53
22	Comprensión	Parejas	55
23	Comprensión	¿Verdadero o falso?	56
24	Vocabulario	La palabra escondida	57
25	Vocabulario	Contrarios	60

	Sujeto	Ejercicio	Página
26	Gramática	Completar	62
27	Vocabulario	Sopa de letras	65
28	Vocabulario	La oveja negra	66
29	Comprensión	¿Verdadero o falso?	68
30	Gramática	Participios	70
31	Vocabulario	Adjetivos	73
32	Gramática	Errores	75
33	Vocabulario	Cruzigrama	76
34	Comprensión	Comprensión	78
35	Gramática	¿Verdadero o falso?	80
36	Gramática	Sintaxis	83
37	Gramática	Formas del verbo	85
38	Vocabulario	La palabra escondida	87
39	Comprensión	¿Verdadero o falso?	88

Test final

1	Vocabulario	Ordenar	93
2	Gramática	El plural	93
3	Vocabulario	Sopa de letras	94
4	Vocabulario	Definiciones	94
5	Gramática	Gramática	95
6	Comprensión	¿Verdadero o falso?	95
7	Gramática	Sintaxis	96
8	Vocabulario	La oveja negra	97
9	Gramática	¿Verdadero o falso?	97
10	Comprensión	Parejas	98
11	Vocabulario	La palabra escondida	98
12	Comprensión	Comprensión	99
13	Vocabulario	Completar	100
14	Gramática	Preposiciones	100
15	Vocabulario	Caracol de palabras	101

SilverLine für Schule, Studium und Beruf

29 Reihen | 14 Sprachen | 220 Titel

SilverLine Lernbox • **SilverLine** Sprachkurs einfach & aktiv • **SilverLine** Die Grammatik
SilverLine Wörterbücher • **SilverLine** Kochen auf ... • **SilverLine** Typische Fehler •
SilverLine Landeskunde • **SilverLine** ... leicht gemacht • **SilverLine** Business English Trainer
SilverLine Bildwörterbuch • **SilverLine** Kurzgrammatik • **SilverLine** Express • **SilverLine** Sprachrätsel
SilverLine Grundwortschatz in Bildern • **SilverLine** Die 2000 wichtigsten Wörter
SilverLine Sofort sprechen • **SilverLine** Sprachführer für die Reise • **SilverLine** Update

Compact Verlag GmbH
Baierbrunner Str. 27 · 81379 München · Tel. 089/74 51 61-0 · Fax 089/75 60 95
www.compactverlag.de · www.lernkrimi.de

Lernkrimi Lektüren Spanisch

A1

¡Adiós, enemigo!
Kurzkrimis
ISBN 978-3-8174-9435-4

Una siesta fatal
Kurzkrimis
ISBN 978-3-8174-9659-4

A2

El misterio del Camino de Santiago
Kurzkrimis
ISBN 978-3-8174-7840-8

Réquiem por un torero
Kurzkrimis
ISBN 978-3-8174-7736-4

Negocio mortal
Kurzkrimis
ISBN 978-3-8174-9216-9

Querida muerte
Classic
ISBN 978-3-8174-9795-9

B1

El guitarrista del diablo
Kurzkrimis
ISBN 978-3-8174-7947-4

La víctima de la feria
Classic
ISBN 978-3-8174-9793-5

Hasta nunca, corazón
Kurzkrimis
ISBN 978-3-8174-8546-8

Comisario García investiga
Sammelband 3 in 1
ISBN 978-3-8174-7842-2

Die Jagd nach dem Phantom
Classic
ISBN 978-3-8174-9313-5

Enterrado vivo
Lernthriller
ISBN 978-3-8174-9318-0

El Tigre ataca
Classic
ISBN 978-3-8174-7785-2

Marionetas de la muerte
Lernthriller
ISBN 978-3-8174-8859-9

Escándalo en el Prado
Classic
ISBN 978-3-8174-7817-0

B2

El monje misterioso
Classic
ISBN 978-3-8174-7615-3

Morir de miedo
Classic
ISBN 978-3-8174-9489-7

El Rioja negro
Classic
ISBN 978-3-8174-7684-8

Tödlicher Flamenco
Classic
ISBN 978-3-8174-7614-5

C1

El último fandango
Classic
ISBN 978-3-8174-8380-8

Lernkrimi Hörbücher Spanisch

El misterio de la estudiante
ISBN 978-3-8174-8267-2

Una muerte trágica
ISBN 978-3-8174-9439-2

Música mortal
ISBN 978-3-8174-8861-2

Último saludo desde Granada
ISBN 978-3-8174-7744-9

Lernkrimi Rätselblöcke Spanisch

Hasta la muerte
ISBN 978-3-8174-9503-0

El secreto de los amantes
ISBN 978-3-8174-9157-5

Sorpresa peligrosa
ISBN 978-3-8174-8834-6

Lernkrimi Sprachkurs Spanisch

Lernkrimi Sprachkurs
ISBN 978-3-8174-7843-9

Compact **Lernkrimi**
Spannend Sprachen lernen

Compact Lernkrimi Lektüren

- Spannende Krimistorys mit zahlreichen Übungen
- Vokabel- und Infokästen direkt auf der Seite
- Durchgehende Geschichte oder drei Kurzkrimis

ab 7,99 € (D)

Compact Lernkrimi Sammelband

- Drei Lernkrimis in einem Band mit über 300 Übungen
- Für mittleres bis fortgeschrittenes Sprachniveau
- Auch Sammelband Kurzkrimis erhältlich

12,99 € (D)

Compact Lernkrimi Lernthriller

- Hochspannende Thriller mit Gänsehaut-Garantie
- 70 Übungen mit ansteigendem Schwierigkeitsgrad
- Vokabel- und Infokästen

7,99 € (D)

Compact Lernkrimi Hörbuch

- Krimistory auf CD mit MP3-fähigen Tracks
- Gelesen von Muttersprachlern
- Begleitbuch zum Mitlesen inklusive Übungen und Vokabelangaben

9,99 € (D)

Compact Lernkrimi Sprachkurs

- Sprachen lernen für Anfänger

- Krimigeschichte in 10 Lektionen
- Vokabelkarten zum kostenlosen Download

14,99 € (D)

Compact Lernkrimi Rätselblock

- Mini-Krimis mit vielen Rätselübungen
- Lösungen und Vokabelangaben auf der Rückseite
- Zahlreiche Illustrationen

5,99 € (D)

Englisch | Französisch | Italienisch | Spanisch
Deutsch als Fremdsprache | Schwedisch | Niederländisch

www.lernkrimi.de
www.compactverlag.de
www.facebook.com/lernkrimi